ヘンリ・ナウエン

傷ついても愛を信じた人

酒井陽介

日本キリスト教団出版局

はじめに

暗き夜に　炎と燃える
愛のこころの耐えがたく
おお　恵まれしそのときよ

十字架の聖ヨハネ「暗夜」より

ナウエンは暗夜を生きた人だった。こんな書き方をすると、誤解を生むだろうか。しかし、暗夜の中でもがきながら、逃げることがなかった。いや逃げ切ることができなかったのかもしれない。彼は人間が生きる光と闇を知っていた。

暗夜はだれの人生にでもある。人生の否定できない一部分といえる。それは、単に心理的なことだけではない。空爆で一夜にして闇夜を経験している人たちが今も世界中にいる。

また、大切な人や土地を奪われ、深い闇の中にいる人たちもいる。さらに、だれにも言えない孤独感や理解されない痛みを負っている人がいる。そのように暗夜は、好むと、好まざると私たちの人生の一部なのだ。これは人間の本性的一部といえるだろうし、古今東西の宗教的洞察の始まりは、この現実の中から生まれた。ナウエンは、その人間の本質的な暗夜の洞察を敏感に感じる一人であり、語り手として分かち合った。

さらに、普段私たちが見落としがちなことにナウエンは気づかせてくれる。それは神には光と闇があるということだ。ほかの言葉でもいい。喜びと悲しみ。微笑みと怒り。充足と不満。神はすべてを持ち合わせている。ナウエンはどこまでも愛に満ちている存在、果てしなく途方もなく大きな愛で自分を満たしてくれる神を求めていた気がする。時にはそれが人間へのとてつもなく大きな愛着となって。しかしどうだろう、神が与えし愛の形は魂の暗夜であった。人間が暗夜自体を受け入れ、見つめることの心許なさに彼は真正面からぶちあたった。そこに言い尽くせない痛みがあった。神が今、ここに、その只中にいることを知っているのに、つかみきれない憤りを感じていた。もしかしたらほかのだれよりも、神の光を感じていたのに、だれよりも神の闇を生きた人かもしれない。あえて言うならば、ナウエンは最期の時までこの緊張感を生きた人だった。

ある人は彼を「傷ついた預言者」と呼ぶ。もし預言者が神と人の間にあって、両方から引っ張られている緊張を生き抜く人であるならば、まさにナウエンの人生は神に引っ張られ、神に魅かれ、そして人間に引っ張られ、人間に魅かれた人生だった。そこに言い尽くせない痛みがあった。そう、彼はそこから逃げなかった。人間はその中でこそ、神と出会い、変えられ、救われていく。これが、彼のいのちをかけたメッセージのような気がしてならない。

現代に生きる私たちは、闇より光、醜さよりも美しさ、失敗よりも成功、さらには、痛みより癒やしを求めているようだ。でもそれは闇や醜さ、そして失敗を知らないからなのではない。そうではなく、恐れているからだと思う。それにだれだって癒やされたいと願っている。だれでも闇は怖いものだ。だから私たちは、一人でいることより孤独をまぎらわす仲間、自立よりも依存、真実よりも仮想現実に時に逃げてしまう。そして、恐れ、逃げ惑っている私たちは本当はこころの奥底で知っているのだ、どこに行っても逃げ切ることはできない、いつまで続ければいいのかと。そんな時、癒やしの源へ同伴してくれる人がいるなら。本当の癒やしに向かう勇気をくれる人がいるなら。こんな私たちと同じ思いを生きたナウエンだからこそ、癒やしの源への同伴者になってくれるのかもしれない。

ビクトリア朝時代の英国の詩人に、イエズス会司祭ジェラード・M・ホプキンズがいる。ホプキンズもまた、神の深い憐れみと人間の哀しみを詠った人だった。彼は数多の美しいソネットを残したが、その一つが「神のかがやき」（God's Grandeur）だ。その最後の連に、次の言葉を見つけることができる。

しかし　それでも自然は決して尽きることはありません
万物の奥深く　うるわしいいのちが　みずみずしく脈打っているからです[注1]

神の子としての自然（本来のありよう）は、たとえ、魂の暗夜を過ごしていようとも、人の目に触れることもなくとも、神に愛された私たちの存在の深いところで、みずみずしさを失わない。

神は光と闇を包み込む。そもそも神から逃れて生きられないのと同じように、人間は神の与えた暗夜を生きていく、光の子となりながら。だからこそナウエンはこんなふうに繰り返し私たちに言っている気がする。

「そこから逃げないで。今、ここに神の救いがあるのだから」

酒井陽介 SJ

目次

目次

目次

＊本書は酒井陽介『ヘンリー・ナーウェン　傷つきながらも愛しぬいた生涯』（ドン・ボスコ社、二〇〇八年）に大幅に加筆して、新しく刊行するものである。

装画・装丁　ロゴスデザイン／長尾優

序章　ヘンリ・ナウエンの霊性と現代

なぜ、ヘンリ・ナウエンなのか

一九七〇年代後半以来、東洋思想やニューエイジなどがブームとなり、体と魂の一体を求めて、癒やし・ヒーリングを得ようとする動きが特に欧米では盛んだ。ヨガのグルーや禅の老師の指導の下、多くの人が物質主義に偏りがちな社会の中で精神世界にこころの平安を求めている。物質世界の偏重が精神世界への希求を呼び覚ますのだろう。

そんな東洋思想や超自然への憧れが高まっている北アメリカで、ヘンリ・ナウエンという一人のカトリック司祭が注目を浴びるようになった。特に一九七〇年代後半からのことだ。彼が著作や講演を通して語りかけるのは、キリスト教的な神概念であり、人生観だった。彼は大学の神学教授であり、心理学者でもあった。彼のメッセージは決して説教臭い内容ではなく、専門的な内容のものでもなかった。それはとても人間味豊かで、人間の持つ弱さや挫折について包み隠すことなく語った。

プロテスタント系の諸大学で教鞭を執った彼の著作は、早くからプロテスタントの人々の中で読まれ、支持されていた。例えば一九九四年のカナダ・バンクーバーの地元紙 *The Weekend Sun* の調査で、三四〇〇人のプロテスタント諸教会指導者に当時最も影響力のある人はだれかと聞いたところ、第二位にヘンリ・ナウエンが挙がったことからもわかる。[注2]

ヘンリ・ナウエンの魅力

私たちに霊的生活の豊かな示唆を与えるメッセージを語ったり、書いたりする人が、全く問題のない、霊的にも人間的にも潤いある毎日を送っているかといえば、きっとそんなことはない。いや、それどころか、繊細であるがゆえに、私たち以上に苦しみを感じ、大きな痛みの中を生きている人が少なくない。また、そういう人は、人生がどこか不調であったり、「うまく」生きられなかったりすることを、だれよりもわかっている場合が少なくない。それだけに、その人の言葉や思いには意味がある。なぜならば、その言葉を最初に耳にするのは、書いているその人自身だから。一番、その言葉を必要としている人物、一番その言葉の意味を味わうことのできる人物が、その人なのだ。ヘンリ・ナウエンは、まさにそんな一人だった。そんな彼について、ラルシュで共に過ごした仲間の一人はヘンリのことを考えると、彼は「二冊の本」のようだったと言う。

一冊は、彼が生きることに奮闘しながら書いた四〇冊にのぼる本。そしてもう一冊は、彼が書ききれなかった、六五年にわたる人生という本だという。この二冊の本のうち、一冊目はこれから紹介する彼の著作であり、そこに彼の生きざまと、読者に届けたいと欲する溢れんばかりのメッセージが満ちている。では、もう一冊の書くことができなかった本とは何か。それは、書けなかったのか、書ききれなかったのかは別にして、その中で展開される彼の人生の歩みや経験に、後世の私たちのこころが動き、さまざまな思いや体験を重ね合わせることができる、多くの余白を持った本かもしれない。

欧米だけでなく、日本でもナウエンの著作の読者は増えている。それは日本語に翻訳されている彼の著作の数を見るだけでも明らかだ。ナウエンの著作は主としてプロテスタント系の人々によって翻訳されてきた。というのも彼の著作は北アメリカのプロテスタント系神学校で広く教科書として使用されていたからだ。北アメリカで彼の著作に出会った日本のプロテスタントの人々が、日本の教会に非常に有益な内容だと判断して翻訳を始めた。その後、カトリック系出版社も翻訳を出すようになった。

なぜそれほどまでに、ヘンリ・ナウエンの著作が受け入れられ、読まれるようになったのだろうか。彼の著作は伝統的な意味での霊的読書という範疇を越えて、現代的な「癒やし・ヒーリング」という新しいタイプの糧を与えているといえる。すなわち、彼の著作を読む人はそこから励ましと癒やしを得ることができるのである。それはなぜか。それはヘンリ・ナウエンが、その著作で多くの人々が内に秘めている魂の叫びを赤裸々に綴っているからだ。司祭でありながら、比較的自由な見地からものごとを見据え、彼独特の分析をしている。着飾ることのない文体の心地よさがあり、また自分と同じ悩みを持ちながらも、それを神の愛という光に照らして物語っているため、多くの読者が共感を覚えるのではないだろうか。彼は読者の共感を決して拒むことがない。それどころか、その共感から出発して、行くべきところまで同伴してくれる。その行き先は読者によって違うだろうが、それすらナウエンは否定しない。

現代は「渇ききったこころの時代」といわれる。潤いのなくなったこころ、利益を追求する競争心に煽られ、人に裏切られ、傷つき、人を人とも思わないなど、行き場を失ったこころがうごめく社会だ。人は自分が傷ついていることに気づいていても、認めることができず、受け入れていても癒やすことができないでいる。自分の居場所を見失いつつも、本来辿り着くべき場所を見出すことができない人が多い。そして、苦しみの中にいながらもその苦しみを分かち合うことができない人も多い。また、苦しみを一人で背負っている人がいる。

しかし、そうした人々に向かって、苦しみを背負っているのはあなた一人だけではないと声をかけてくれる人、私も同じような孤独と閉塞感に悩んでいると打ち明けてくれる人がいた。自分の恥ずかしい、隠しておきたい葛藤までもあらわにして、赤裸々に語る人がいた。その人こそヘンリ・ナウエンである。

彼の本を読む人は、自分は一人ぼっちではないと感じ、傍らに温かな存在を感じるだろう。しかし、それは単にお互いの傷をなめ合うのではなく、ナウエンは人間を愛し、包み込んでくれる存在・神について語る。神こそがその癒やしの与え主であり、そこに帰ることが愛の完成への一歩なのだと教えてくれる。彼にとっての霊的な旅路は、喜びも悲しみもあり完璧ではない人生に実りをもたらす神との意義深い関係に、奮闘することなのだ。

この拙文において、私は彼の霊性をその人生の出来事の変遷を通して紹介したい。第一章ではナウエンの円熟期の九〇年代に至るまで、北アメリカにおける霊性の歴史的変遷を中心に取り扱う。第二章ではナウエンの著作を通して見える彼の霊的遍歴について述べ、第三章では彼のテーマをトピックごとにまとめてみたい。第四章では彼の思想を霊性神学の立場から特に終末思想との関連で考察を試み、第五章ではこれらの作業を通して捉えることができるナウエンのメッセージをまとめたい。

第一章　霊性の変遷

本章では、ナウエンの思想と宗教性がどのような土壌から生まれたのかを「霊性」という観点から概観する。霊性という語のキリスト教的な意味については本書三一頁以降に詳しいが、ここではまず広い意味での定義を紹介する。霊性とは「宗教的な意識・精神性。物質を超える精神的・霊的次元に関わろうとする性向。スピリチュアリティー」である（『広辞苑』第七版、岩波書店、二〇一八年）。ナウエンの同時代の欧米は、どのような「宗教的な意識・精神性」（霊性）に彩られていたのだろうか。

二十世紀の霊性

二十世紀の霊性は、従来のヨーロッパ中心の伝統的な霊性の流れとは異なる流れを有している。それは従来の霊性の流れから分断されたものではない。それどころか、現代世界の文化の激しい潮流の中で、なるべくしてなった発展した形であるとさえいえる。ナチスドイツの迫害下で反ナチスを貫いたプロテスタント告白教会の中心的人物ディートリッヒ・ボンヘッファーや、反ユダヤ人政策の中で生涯を捧げたシモーヌ・ヴェイユなどがその前兆として挙げられる。

第二次世界大戦後にアメリカで芽生えた社会運動、そして心理学の発展と切り離して考えることはできない霊性もある。アフリカ系アメリカ人で公民権運動の中心人物となったマーティン・ルーサー・キング牧師がそうだし、メディアを利用しての宣教活動で多くの人々に語りかけたフルトン・シーン司教もいた。また反ベトナム戦争にも関わったトラピスト会士トーマス・マートンもいた。そうした流れの延長線上に位置づけられるのがヘンリ・ナウエンだ。ヘンリ・ナウエンは当初、霊的指導者というよりも、雄弁で名の知られた心理学と霊性神学の大学教授だった。

そうした流れの中で、特に北アメリカにおける霊性の変遷に注目したい。なぜなら、ヘンリ・ナウエンが世に知られるようになった背景には、やはり北アメリカにおける文化的、宗教的な変遷があったと思われるからだ。それは、日本社会の中でなぜヘンリ・ナウエンが読まれるようになったかを探るきっかけにもなるだろう。ただしその前にまず、ナウエンの母国オランダの状況を見ておこう。ナウエンが生まれ、青年期を過ごした当時のオランダの状況を見ることは、彼の中に育まれた宗教性と霊性を知る上で役立つと思われる。

母国オランダの教会の状況――ナウエンを育んだ社会的・宗教的土壌

現代では、オランダを伝統的キリスト教国として認識することはあまりないかもしれない。その代わりに、社会的にリベラルな風土が知られ、キリスト教との関連はすぐには思い浮かばない。しかし、オランダ（ネーデルラント）は、かつて九世紀初頭には、現在のベルギー北部を含む全土にキリスト教が浸透していた。そのころから、ライン゠フランドル地方の神秘思想の霊性が活性化し、のちにデボチオ・モデルナ（新しい信心）が発展した地域となった。例えば、『イミタツィオ・クリスティ（キリストに倣いて）』の作者とされるトマス・ア・ケンピス（一三八〇―一四七一）やルネッサンス・キリスト教人文学の巨匠エラスムス（一四六六―一五三六）は、当時のオランダの教会の知と霊性の集大成といえよう。しかし同時に、ネーデルラントは、他の北ヨーロッパ諸国と同じように宗教改革の影響を強く受け、十六世紀後半、国はカトリック教会とカルヴァン派（改革派）教会

で二分された。こうした環境が、オランダのカトリック教会特有の状況を形づくることになる。注3

一つは、それによって生まれた保守的な、ある意味、伝統主義的なカトリック的環境である。当時としてはいたし方ないことではあるが、カトリック教会は、プロテスタント教会とは一線を画し、カトリック偏重の情報や社会構造がつくられ、堅固だが、非常に保守的なカトリックの土壌が形成された。ヘンリ・ナウエン（一九三二―九六）の一家も、言わずもがな、この環境の中にいた。社会的に安定した階層にいる弁護士であったナウエンの父親は、この家父長主義的カトリックをある意味、象徴的に表している人物といえるかもしれない。しかし同時に、信仰篤いナウエンの母もこの土壌の中で開花した純粋ともいえる信仰を子どもたちに伝えた。

しかし、保守的なカトリック的雰囲気のみがヘンリ・ナウエンという人物を形成していったわけではない。オランダのカトリック教会のもう一方の影響を見落としてはならない。例えば、第二バチカン公会議（一九六二―六五）を牽引した一人にユトレヒト大司教のアルフリンク枢機卿がいる。彼はカトリック教会の現代化（アジョルナメント）に貢献し、第二バチカン公会議の精神を実践した人物の一人である。彼は、偶然にもナウエンと同郷（ネイケルク、Nijkerk）であり、のちに彼の属するユトレヒト教区では直属の上司となった。ナウエンの選んだ新しき学びである心理学を最終的に支持し、彼のアメリカ行きを許可した人物である。そして、公会議の重要な神学者の一人、エドワード・スキレベークスもまた、オランダの産んだ革新的な神学者であった。彼はアルフリンク枢機卿とともに『オランダ新カテキズム』の編纂に携わるなど、二人は、教会刷新の精神を実践する先駆けとなった。この二人は、オランダのみならず、教会改革の中心的な推進力であった。

この流れとは関係ないようにも見えるが、だれもが知る画家フィンセント・ファン・ゴッホもまたオランダ人であり、改革派教会の牧師の息子であった。ナウエンとゴッホにある共通点を見ることもできる。実際、ナウエンは、ゴッホの作品を通して霊性を講じていた。彼もゴッホに何か自分と近い感性や体験を見出していたのかもしれない。時代は遡るが、同郷のレンブラントもまた彼に大いなるインスピレーションを与えた画家であった。

以上見てきたように、オランダは、保守的なカトリックの環境によるキリスト者としての堅固な土壌と、そのベクトルを閉鎖的な世界から新世界に向けて、新しい地平を切り開く素地とエネルギーをナウエンの中に育んだ。オランダの教会は、こののち大きな試練を受ける。それは、保守とリベラルの衝突である。そうした疲弊によりオランダの教会は、どこか精気を失ってしまうことになる。ナウエンの生まれ育ったネイケルクは、オランダ語で「新しい教会」という言葉から派生したものだ。中世以降、焼失を繰り返し、その度ごとに再建された教会を中心とした街である。ナウエンがそれを意識していたかは定かではないが、第二バチカン公会議の風に吹かれ、彼は新しい教会のあり方を彼なりに探していたのではないだろうか。もちろん彼がめざした方向は、教会改革といったベクトルではない。彼は人間の傷ついたこころに語りかける、いつくしみ深い神との出会いを探し求めた。時代を考えると、ナウエンが、次に向かった先が、アメリカであったことは単なる偶然ではなかったように思える。

大戦後の北アメリカにおける霊性の変遷

第二次世界大戦後の宗教熱（一九四六―六〇年）

第二次世界大戦後のアメリカでは、戦勝国のリーダーとしての世界的賞賛の中で楽観的な雰囲気が漂っていた。しかし同時に、東側諸国、共産主義への警戒心から冷戦が進行した時代でもあり、アメリカ国内ではマッカーシーの「赤狩り」として共産主義への敵対心が表面化していた。また、アフリカ系アメリカ人に対する人種差別も色濃く残っていた。戦後のベビーブームとあいまって、一九五〇年代に入ると国内の経済も向上し、安定期に入り、家族中心の生活形態ができあがっていった。キリスト教はアメリカ人の市民生活の一部となり、特にプロテスタント諸教会の成長には目覚ましいものがあった。その中でも福音派教会は多くの改宗者を出していた。

ちょうど、そのころハリウッドでは、『ベン・ハー』や『十戒』など宗教的なテーマのスペクタクル大作が、アメリカの経済的発展と信仰の敬虔さを背景に作られ、人気を博した。有名俳優を主役に抜擢し、いかにもハリウッド的な作風とその割には素朴な信仰の表明と聖書解釈ではあるが、キリスト教国アメリカを世界に印象付けることに役立ったといえよう。

どちらかといえば、一般的なアメリカの白人家庭という限定ではあるが、一九五〇年代の霊性の特徴は、ロバート・ウースナウの言う「定住志向」の霊性[注4]である。それはこの霊性が家庭、コミュニティ、そして国家という帰属する場所と強く結びついていたからだ。それは何が尊いものなのかがわかりやすかった時期だともいえる。すなわち、安定した家庭や地域、国家は何にも変えがたいものであり、規定どおりに波風立たせずに定住することが大切だった。しかしこれは長続きせず、一九六〇年代に入って危機的な変化を迎えることになる。当時、アメリカの抱えていた人種差別という大きな矛盾は、キリスト教の伝える福音が本来、すべての人に向けてのメッセージであることを逆説的に訴えることになる。

落ち着きのない自由へのもがき（一九六一―七五年）

イェール大学の宗教学者であったシドニー・アルストロムによれば、この時期は国家の威信や愛国的理想論、伝統的な倫理観それにユダヤ・キリスト教的神概念さえ疑問視される時期だった。幾世紀にもわたって固く信じられてきた価値観に疑問が投げかけられた時代だと言っている。[注5]

このころのアメリカは、依然人種差別の問題を抱えていた。南部でジム・クロウ法が施行されていて、明確な人種差別政策が行われていた。その中、ローザ・パークスの勇気ある行為と彼女の逮捕が、一人のバプティスト教会の黒人牧師を奮い立たせた。それが、マーティン・ルーサー・キング牧師によるバス・ボイコット運動に端を発する公民権運動の広がりである。宗教界のみならず、政治的、社会的意義を含むこの運動は、当時アメリカが抱えていたもう一つの大きな矛盾であるベトナム戦争参戦に反対表明をするまでになった。アメリカ留学中であったナウエンも、公民権運動の行進に参加するなど、彼にとっても大きな影響を与えた体験となった。

ベビーブーマーの世代が、親の世代が築き上げた伝統的価値観や表面的な経済的安定や、硬化した社会の中に多くの矛盾を生んでいる現実に目を向け、違った形の自由を手に入れようともがき始めた時代だった。ベトナム戦争は多くの人の反感と国家への疑問を生み出し、彼らがこの時代の象徴的な希望と仰いだ人物、例えば、ジョン・F・ケネディーやキング牧師が暗殺されるなど、アメリカ社会のゆがみが露呈した。こうして若者の反体制運動は広がっていった。

この時期、アメリカ人の精神世界への憧れはすっかり姿を変え、組織的宗教でないところ、すなわちスピリチュアルな世界に安らぎを見出す動きがあった。世界的なロックグループのビートルズの四人までも、ヒンズー教に傾倒するなど若者のヒッピー文化が進む一方で、内省的な東洋宗教への関心も高まっていった。また、教会や聖職者の役割は社会活動に向けられるようになっていった。

しかしながら、ロバート・ウースナウによれば、この時期に霊性は消えてしまったわけではなく、あくまでも方向転換をしたに過ぎないという。それは安定を求めた定住志向の霊性ではなく、探求志向型霊性への転換の時だった。また、この時期は突飛な考えや行動が目立ったが、それは戦後の混迷した状況を修正したとも言っている。[注6]

こうした多くの若者が霊的な意味を求め始めた時に、ナウエンはアメリカ合衆国にいた。彼自身は保守色の強い派閥にいたわけでもなく、主流のプロテスタントでもなかった。彼は心理学者であり、第二バチカン公会議の新しい息吹に直接に触れた外国人、オランダ人カトリック司祭だった。揺れる北アメリカにあって、彼はまさに異色の存在だったといえる。そんな中、彼は大学という場にあって、心理学とキリスト教をその真理探究の足掛かりにすることで、意味を探し求めている若者を励まそうと試みたのだった。

保守的な反応（一九七六―九〇年）

七〇年代中ごろまでには、六〇年代の行き過ぎた世俗化に敏感に反応するかのように、正反対の動きが起こった。ニューズウィーク誌が一九七六年をThe Year of The Evangelical（福音派の年）と呼んだように、[注7]保守派福音主義者ジミー・カーターが大統領になり、諸大学では、クリスチャン・フェローシップやキャンパス・クルセードなどのリバイバル運動が盛んだった。

また、この時期のアメリカでは、自己充実、自己実現といった観点から心理学が霊性に強い影響を与えた。癒やしのテーマが霊性の重要な課題となり、感情的な傷に対する癒やしが霊性や心理学に求められるようになった。しかし、同時にそこには、メランコリックな感傷を促すという自己中心的な傾向が見られることは無視できない。そのために、共同体、社会問題への関わりという側面がないがしろにされたことも事実だ。

伝統的なキリスト教的道徳観を支持する団体として「モラルマジョリティ」が挙げられる。これは政治的宗教団体で、自分たちの信仰箇条を政治に反映させようという保守グループであり、彼らは性の乱れや同性愛問題、避妊等を反キリスト教化する風潮と捉え、強い抵抗を試みた。また、キリスト諸教会はさまざまな方法をもってそのメンバーをつなぎとめようと試みた。こうした試みから始まったものに、刑務所での司牧・牧会、カリスマ運動、飢餓や反核といったテーマで活動するグループ、心理的セラピーをするグループといったものがある。これらのグループの特徴は、孤独にむしばまれかけていたアメリカ人の生活に非常に助けになるグループ活動やシェアリングという形をとっていたことだといえる。

こうした活動とは対照的に、以前の分派主義に衰えが見え始めた。その理由の一つとして、それぞれの教会の主張に社会的、文化的な面での本質的な違いがなくなってきたことが挙げられる。また、それぞれの教会が、あまり違いにこだわらなくなってきたともいえるだろう。そこには、大勢でなにかに没頭するという姿勢から、個人の霊的な道程や個人的な問題解決へと関心が移っていったという背景があった。[注8] 内なる方向性に向かってアメリカの霊性は変遷を遂げ始めたのである。

「意味」への内なる探求（一九九〇年代）

八〇年代と九〇年代の霊性の違いをひと言で言うなら、それはselfという言葉がsoulという言葉に置き換えられたということだ。すなわち、心理学用語が霊的な色合いをもち始めたのである。天使の存在や死後の世界への関心が高まり、soulという言葉のついた本がベストセラーとして店頭に並ぶようになった。

ベビーブーム世代が五十代に差し掛かり始め、仕事や社会的な影響力においてもある程度の功績を残すことができた。こうした中で中高年の危機を迎えるようになった彼らが、新しい方向性、すなわち霊的な方向性に向かって人生の問いを発するようになった。彼らは人生の意味や根本的な価値観を問い直し、精神的な虚無感に陥るなどの人生の重要な転機に差し掛かっていたのである。

また、「信仰」という観点においても変化が表れ始めた。彼らは教会の信条や教義に魅力を感じるというよりも、自分たちの社会的、感情的、霊的な必要性に基づいて教会を選ぶようになった。それが、キリスト教霊性にゆがみをもたらし始めたのは言うまでもない。彼らは好んで霊的な事柄について話したがるが、じっくり腰をすえた関わりは避けがちになる。キリスト教信仰の土台となる聖書や教義の理解をおろそかにした結果、キリスト教的な雰囲気は持ち合わせているが、事実それとは違う内容の事柄（例えばカルト集団）へと路線を変えていく傾向が目立ってきた。

こうしたアメリカの霊性の変遷において、二十世紀後半にはナウエンが非常にタイミングよく彼の能力や関心をいかんなく発揮できる土壌があったといえるだろう。彼は心理学者であり、この時代の人々の言葉を話し、その意味をよく理解していた。また彼は司牧者・牧会者であり、人生の意味を探求している多くの人々の期待に応えることができた。まさに、さまよう魂（soul）の同伴者となったのである。同時代のアメリカ人の霊的な探求が複雑化する中で、やさしくそしてわかりやすく語りかけるナウエンの著作は、多くの魂（soul）の渇きを癒やすのだった。

キリスト教霊性とは

次章からヘンリ・ナウエンの霊性について述べる前に、改めて「霊性」の定義づけを試みてみたい。

キリスト教霊性にはさまざまな定義が可能だが、百瀬文晃師によれば、霊性とは「一人ひとりのキリスト者がどのようにイエス・キリストの福音を受容し、その信仰の生き方をどのように具体的に実践するか、その具体的な信仰の営み方、信仰の実現様式[注9]」ということになる。

霊性を考える上で、一つ参考になるのは、近代において新しい「霊性」のあり方を探求し、産み出した聖イグナチオ・ロヨラ[注10]の霊性であろう。彼は、回心後の約一年間、マンレサの洞窟で祈りと苦行の時間を過ごし、己の魂を見つめる内省に費やした。その彼が、カルドネル河畔で受けた啓示は、あまりにも有名であるが、霊性とは何かを物語る一つのわかりやすい指標になると思われるので、ここに紹介したい。

こうしてそこに座っていると、理性の目が開け始めた。しかし、このときは、示現を見たのではなく、霊的なこと、信仰および学問に関する多くの問題を理解し悟った。これによって非常に明るく照らされたので、すべてが新しく感じられた。このとき彼が理解したことはたくさんあるが、それらを詳述することはできない。ただ、理性に大いなる照らしを受けたことは確かである。[注11]

ここから言えることは、霊性は、単に感情の問題ではなく、より総合的な「理解」に関係するということである。それは、霊の照らしを受けて、新しい地平が見出され、向かう先がこれまで以上にはっきりする体験である。何をすれば良いか、何がしたいかという具体的な行動に駆り立てる内側からの力ともいえる。このように深い理解に根ざした霊性は、具体的な信仰の営みと実践を、感情の振り幅ではなく、霊に照らされた落ち着きと勇気や寛大さを伴って、もう一歩先へと進めることができる。

しかし、霊性は何も司祭や修道者のみに与えられた特権的な救いへの道ではない。それはキリストを信じるすべての人が、キリストにおける救いを確信し、神と自己そして他者との関わりの中で育んでいく生活と経験に基づいた信仰の営みである。さまざまな生活様式とそこで生まれた気づきという実存的なあり方のために、霊性には多様な形態があるといえる。現代においては従来の修徳学的な、禁欲的な形での霊性では答えきれないほどに世の中は複雑になり、人間もまた複雑になっている。例えば、*The Harper Collins Encyclopedia of Catholicism* には次のようなエリザベス・ドレイヤーの定義づけが述べられている。

キリスト教霊性とは、ある人が究極的に信じていることを、日々、だれかとともに生きる中で表現したものである。この霊性の特徴は、イエス・キリストを通して、また聖霊の力を受けて、神や自己や隣人や世界を愛することへと、自分自身の枠を超えて開かれていることである。[注12]

この定義にはナウエンの霊性観と共通する点がある。すなわち、彼のテーマは人間がいかに神から愛されたものとして生きていけるか、神とのそして自己との、また他者との関係をいかにキリストと聖霊の力のうちに育んでいけるかというものだからだ。さらに、ナウエンも日常的体験の中で霊性が育まれることを強調している。突飛な状況やドラマティックな展開ではない、日常性の中にこそ、人間の現実と葛藤があることを心理学者であったナウエンは、はっきりと意識していた。彼は、日常を抜きにしての霊性は存在しないことをだれよりも理解していたのではないだろうか。

続く第二章では、ナウエンの人生の歩みと作品の中に見られるナウエンの霊的成長の足取りを辿りながら、彼がどのように信仰の営みの中で、神と出会い、自己を受け入れ、他者に分かち合っていったのかを見ていきたい。

第二章　ナウエンの人生の素描と作品に見る霊的変遷

幼少・青年時代（一九三二―五一年）

ヘンリ・ナウエン（Henri Jozef Machiel Nouwen）は一九三二年一月二十四日、オランダのアムステルダム近郊のネイケルク（Nijkerk）に、商法を専門とする弁護士であり大学の法学教授でもあったローレン・J・M・ナウエン（Laurent J. M. Nouwen）と信心深い母マリア・ラムセラル・ナウエン（Maria H. Ramselaar Nouwen）の長男として生まれた。誕生までに三日かかるほどの難産で、多くの人の祈りと母親の尋常でない根気が必要だった。この母と子の強烈な体験は後の強い絆の始まりだった。

信仰深い両親にとって、四人の子どもにカトリックの信仰をしっかりと持たせることは多大な関心事だった。そんな中、父親は長男であるヘンリに大きな期待を寄せていた。何でもベストを尽くし、一番になること、もっと上をめざせという絶えざる励ましがあった。まだ幼いヘンリにとって、父親の要望に応え、成果を出し、認めてもらうことが父親の愛情を受けることだった。何事にも前向きでエネルギーに溢れていた父親に対しての畏れの念やある種の引け目は生涯彼から取り去られることはなかった。父親に対する屈折した愛情は彼が母親に対して抱いた愛情とは違うものだった。

彼は母親の死後に出した著書 *A Letter of Consolation*（邦訳『慰めの手紙』）の中で、父親に対して次のように述べている。「しばしば、私たちの間にある大きな隔たりを残念に思ってきました[注13]」。父親は子どもたちに常日頃からこのように言っていた。「権力や名誉の虜になってはいけない。自己決定の自由こそが最も偉大な財産であることを忘れてはいけない。それを決して手放してはいけない」。後年、ナウエンは自分がいかに父親と似ているかを自覚するようになる。

最近、鏡を見るたびに、自分がどんなに父親と似ているかということに気づかせられる。二十七歳だった時に私が見たあの人の顔がそこにある。それは私が尊敬し、同時に批判もし、また愛し、また畏れた人である。多くのエネルギーがこの人の内に私自身を見つけるためにつぎ込まれた。自分がだれであり、どのようになっていくのかという疑問は、この人の息子であるということによって生じてきたといえる。（中略）驚いたことに、私も、父が私によってそうされたように、多くの人に尊敬され、畏れられ、賞賛され、誤解されている者であるということに気づいたのだ。[注14]

彼らは容姿だけでなく、その話し方、人を操作しようとする傾向、そして短気さなど多くの点で似ているがゆえに、互いに受け入れることが難しかった。そして、ナウエンの晩年まであまり表現されることはなかったが、どれほど互いに深く愛し合っていたかを認めることができる。しかし、少年ヘンリにとって父の存在はあまりに大きく、近寄りがたいものだった。そこには第二次世界大戦当時ナチスの支配下のオランダが置かれていた緊迫した状況、父親の職業上の緊張感、そして当時のオランダの家父長的な父親像というものがあることも否めない。この父親への屈折した感情は、彼が一生をかけて求め続ける〈愛されたい、受け入れられたい〉という「愛」への渇きの出発点となった。それは究極的には神に本当に愛されているのだろうかという、やむことを知らない不安、痛みへとつながっていった。ナウエンは晩年まで、父親との問題を引きずることになる。

そのように規律と努力を重んじた父に対して本当の自分を表すことができなかったヘンリにとって、母親マリアの存在は救いであり、拠り所であった。信仰に篤く、自ら書店を経営し、文学や語学の才に恵まれた彼女は、彼をそのまま受け止め、愛を注いだ。彼の司祭職への召命の背後にも母親の影響を認めることができる。運動神経があまりよくなく、同世代の子どもたちの遊びではいつも劣等感を感じていた彼だったが、ミサごっこでは先頭切って司祭役を取り、生き生きとミサの真似事に興じるのだった。そんな息子が司祭職に召されているのではと見抜いたのは母親のマリアだった。彼女は特注の木の祭壇をこしらえさせ、彼の祖母はおもちゃの代わりにパテナ（聖体皿）とカリス（杯）をプレゼントした。彼はミサセットの前で弟や友達を侍者にすえ、得意顔で家族や親戚に自作の説教をしていたという。幼少時代の司祭職への憧れは決して消えることがなかった。

ナウエンは完璧とも言える母親像を、母親の中に見ていた。それは彼が唯一確かに信頼できる人間関係だったからだろう。彼女が神の愛を教えてくれたとまで言っている。それだけに、のちに母親の死が引き起こした喪失感は非常に大きいものだった。それはあたかも錨から切り離された船のようなものだった。母親の死は想像を超えるほどの痛みを伴ったが、「神が私を何にも縛られないように自由にされた神の業」だと言っている。[注15]

母方の叔父アントニウス（トーン）・ラムセラル（Toon Ramselaar）神父はナウエンの憧れの的だった。彼はユダヤ・キリスト教関連のバチカンの助言者であり、ユトレヒト教区の教区司祭だった。ヘンリの憧れを彼はすべて手にしていたといっても過言ではない。また、社会への関わりなどはこの叔父司祭の影響があるといっていい。後にこの知的な叔父司祭と甥司祭に対してオランダ人司祭たちは尊敬と妬みの感情を含む複雑な思いを寄せることになる。イエズス会の高校アロイジオ・カレッジを卒業後、一九五〇年に彼は叔父が校長だったアペルドールンにある小神学校に入学した。ここから青年ヘンリの司祭職への実質的な道のりが始まったのである。

息子の司祭職への召命に対する両親の励ましも対照的だった。父親は息子ヘンリに言った。「お前がこの世界で一人前の人間として、他の人と競い合って、何ができるというのを見せてみなさい。何かをやり遂げてみなさい」。しかし、母親は、「何をしようとも、キリストから離れてはいけませんよ。大きなことをすることが大切なのではありません。大切なのは、いつもこころにイエス様を招き、彼の導きを見失わないこと」と励ますのだった。[注16] 彼は司祭生活の最初の約三十年を父親の勧めに従った。後半の十年は、彼の人生の決定には母親の声が大きく響いていた。

大戦の最中にあっても、両親は苦労しながらも子どもたちの教育のため、できる限りのことをした。例えば、小学校の勉強が続けられるように村の子どもたちのためにも便宜をはかり、また家族共に集まってのロザリオは毎晩の欠かさない習慣だった。ヘンリは毎朝のミサを欠かすことなく、侍者は彼の大切な務めだった。大戦中にもかかわらず、父親は文化的な雰囲気を絶やさないようにと、家族や近所の者と一緒に詩の朗読会や芸術鑑賞会を催していた。これらすべてのことは彼の信仰、学問への愛、美への関心に生涯影響を与えたのである。

大神学校・新司祭時代、そして心理学の学び（一九五一―六四年）

一九五一年に大神学校[注17]に入ってからのナウエンは、自らその時代を「青春時代の庭園」と呼ぶほどに充実した日々を送った。勉学においてもまた人格においても、他から一目置かれる存在になっていた。とはいえ、学問そのものよりも他者との関わりの方が彼には重要な要素だったようだ。彼はその始めから学者というよりも司牧者・牧会者、人との交わりを大切にするタイプだったようだ。

一九五七年七月二十一日にヘンリ・ナウエンはユトレヒト教区の教区司祭としてアルフリンク大司教によって叙階された。大司教は彼がローマで神学の研究をすることを望んでいたが、ナウエンはオランダのナイメーヘン大学で心理学を研究する許可を得た。彼は心理学の研究が教会と司牧・牧会神学の諸問題の解決に役立つと信じていた。当時はまだ、特にヨーロッパのカトリック教会の中では、心理学に対する関心と理解度は低かった。しかしながら、彼はいち早くその有効性に気づいていた。心理学が司祭職の奉仕のために不可欠であり、神学のためには心理学が、霊性のためにはカウンセリングが重要だということを確信していた[注18]。しかし、彼は学者司祭をめざしていたのではなく、あくまでも心理学に通じている司牧者・牧会者をめざしていたのだ。

なぜ彼が心理学という新しい領域に足を踏み入れたのかについては、単に彼の気づきを越えるものもあった。それは当時のオランダカトリック教会の状況である。

第二バチカン公会議でリベラルの先鋒として目立ったオランダ教会は、公会議後、急進派と保守派の争いが続き、不安定な状態に陥った。そんな中、事態を鎮めるために保守派の司教たちが任命されたが、これは事態を悪化させる一方だった。こうした混乱は過渡的状態であり、やがてオランダ教会は落ち着きを見せた。しかし、ナウエンはオランダ教会の悲劇と称して、霊的な深みが欠けてしまった教会の雰囲気と顕著な教会離れに注意を促している。

そんな中、彼は自分が他のオランダ人司祭から浮いてしまっていると感じた。いつしか、同胞に受け入れられていないのではないかという不安を抱えるようになった。確かに、どうして彼だけが、他の教区司祭のようにたくさんの問題を抱えながら小教区に縛られず、比較的自由な立場で行動できるのかというやっかみや批判があった。彼の著作が本国オランダではその晩年まであまり省みられなかった事実がそのことをよく表している。それはナウエン自身がオランダの問題に特に関心を向けなかったこと、オランダの教会の抱える問題に神学的にも関わることがなかったこととも関連している。

それでも、一九六〇年代オランダの他の司祭が保守色を強めていたころ、同僚の司祭たちからナウエンは進歩的、社会派司祭と目されていた。一九七〇年代、八〇年代に彼はアメリカに新しい霊性の価値を見出すようになった。ここでいう新しい霊性とは、内的な世界、宗教的に言えば、こころと魂の世界に目を向けることである。ナウエンは、社会的な関わりが声高に叫ばれている時に、ともすると見落とされてしまいがちなこころと魂の探究という価値に関心を持ち、それを実践できる地として、ヨーロッパではなく、アメリカに可能性を見出した。その思いに比例するかのように、彼自身はオランダへの関心が薄くなっていった。当時のオランダの聖職者たちは二分化し、保守派に対して社会派は政治的であり、教会組織に批判的な雰囲気が重く垂れ込めていた。そんな中、ナウエンが政治的にも社会的にも中立な立場でいることに、多くの司祭たちが苛立ちを感じたのは言うまでもない。

多くのオランダ人にとり、ナウエンの霊性はあまりにソフトで感傷的であり、政治的、社会的な意図に欠けているように映った。その後、多くのオランダ人司祭たちが反ヒエラルキーや独身制度に対する疑問、そして教会の倫理的教えに対する反抗などで不安定な状態にあった時、ナウエンはあえてそれらの問題を口に出さなかった。彼の著作は学問的なものというよりは彼自身の福音的な体験を分かち合うものだったからである。[注19]

ナウエンが心理学を学ぶために入学したのは、カトリック大学のナイメーヘン大学（現・ラバウド大学）だった。恵まれた保守的な宗教風土の中で育ち、ある意味、旧態依然の狭い思想的な環境の中で神学期を過ごした彼にとって、そこは、新しい考えや生き方をしている教員や学生たちと出会う場となった。そうした最新の学問に、教員を通して、さらに学生間での活発な討議を通して触れ、今まで疑うことさえしなかった習慣や考え方を見直す経験をすることになる。

彼にとって心理学の学びは刺激的であったが、同時に困難さも感じた。普通、心理学は科学の要素もあり、統計や精神病理学なども学ばなければいけない。しかし、ナウエンは、そうした科目内容に最後まで関心を持てないでいたようだ。彼は、試験を経て、Doctorandusという正式な博士課程生に認められたものの、結局、ナイメーヘン大学で博士論文を書き上げることはなかった。その理由は、彼が関心を持った宗教（信仰）と心理学の統合の道を、オランダの心理学の環境では見出せなかったことにある。

アメリカにおける心理学の研鑽（一九六四―六六年）

臨床心理学の研修生としてヘンリ・ナウエンは施設や炭鉱そして軍隊でも働く機会があった。研修の一環として、彼はオランダ―アメリカ移民船のチャプレンとなる。彼はかねてよりアメリカでの研究の可能性を探っていた。特にハーバード大学の人格心理学の創始者とも言えるゴードン・オルポートの下での研究を望んでいた。なぜなら、彼もまたナウエンと同じように宗教と司牧・牧会心理学に関心を寄せていたからだ。直接会って話してみるとオルポートはナウエンに勉強をオランダで終わらせ、その後でカンザス州トペカにあるメニンガー研究所（Menninger Foundation for Psychiatric Education and Research）で研究を続けるように励ました。この研究所でアントン・ボイセンは臨床司牧・牧会教育ＣＰＥ[注20]（Clinical Pastoral Education）を作り上げた。ナウエンが同研究所に在籍したのは一九六四年から六六年の二年間だった。彼はここでスチュワード・ヒルトナー、ポール・プルイサーなどの名だたる心理学者たちから薫陶やインスピレーションを受け、心理学と霊性の統合に努めることができた。

中でも、アントン・ボイセンとの出会いから大きな影響を受けた。ボイセン自身、長老派教会の牧師であり、長い牧会生活の後に自らの研究をまとめ上げた人だった。彼はかつてうつ病になり、病院生活を送った経験がある。自らの経験に基づいた思索が、現場で臨床経験豊富な司牧者・牧会者の養成の必要性を痛感させ、この運動を提唱するに至った。こうして彼はプロテスタントの神学校での養成プログラムとしてのＣＰＥを皮切りに、さまざまな病院や施設でこの運動を展開していった。そんな中で一九六四年にナウエンは再度入院していたボイセンに出会った。その時の様子をナウエンは次のように伝えている。

私の心を捉えたボイセンの質問は、実に直接的で大きな投げかけだった。（中略）彼は世の終わりと自分の牧会について多大な関心を寄せていた。（中略）そんな私は司祭として彼に興味を持ったのだ。特に独身制ということに関連して興味を抱いた。[注21]

事実、ボイセンは翌年に亡くなる。ナウエンは終始ボイセンの研究と実践を高く評価していた。ナウエン自身の「傷ついた癒やし人」としての人生は、いくつかの点でボイセンの人生と重なり合う点が多かったのではないだろうか。このようにナウエンが彼から大いにインスピレーションを受けたことには違いない。それは、彼のセクシュアリティの問題にも影響を与えたように思う。

当時のアメリカ合衆国はマーティン・ルーサー・キング牧師の登場により公民権運動が盛んとなった時だった。ナウエンの政治的・社会的気づきがあったのもこの時期と重なる。彼は一九六五年の有名なセルマからモンゴメリーへの行進に参加もしており、これは彼の社会正義への目覚めともいえる。

ノートルダム大学、そして再び本国オランダで（一九六六―七一年）

メニンガー研究所の同僚ジョン・サントス博士は、自らが創設したノートルダム大学心理学部にナウエンを客員教授として招いた。当時多くのカトリック系大学がフロイトの無神論的傾向ゆえに心理学を軽視していたが、ノートルダム大学で彼は精神病理学を教えることになった。そこで学問的な奉仕だけではなく、学生や教員たちの霊的なケアにも活躍することになる。このころから彼は生涯のテーマとなる孤独と愛情と共同体の必要性を強く感じるようになった。学生たちも同じような問題に苦しんでいることを知って、落ち込み、混乱、親密さ、そして愛といったテーマで授業を展開するようになっていった。こうして彼の講義は話題を呼ぶことになった。*National Catholic Reporter* に記事を載せることにもなり、それが彼の最初の著作 *Intimacy: Essays in Pastoral Psychology*（一九六九年、未邦訳『親密さ』）となって世に出たのである。

この本で彼は、うつ、同性愛、宗教的人間成長などを取り扱っている。心理学からの知識を用いて、ヒントを得、司牧・牧会活動が心理学と神学の総合をもってより充実することを述べている。宗教的人間成長に関してナウエンはエリクソンの人間発達の八段階の理論を用い、また神学生のうつの問題を紹介し、個人のアイデンティティや召命というテーマを心理学と絡めて論じている。この本でカトリック関係の著作としては初めて、同性愛について精神医学、現象学そして、司牧・牧会神学の観点から述べている。

次に出た本は、*Creative Ministry: Beyond Professionalism in Teaching, Preaching, Counseling, Organizing and Celebrating*（一九七一年、邦訳『友のためにいのちを捨てる』）である。この本は司牧・牧会における専門性と霊性の関係について述べており、パストラルケアの分野において、心理学と司牧・牧会神学の総合の挑戦という新しい試みをしている点で少なからず貢献している。ここでナウエンは、教育、説教、カウンセリング、共同体組織、典礼という五つの分野に関して論じている。

神学の重要性を悟った彼は、一九六八年に神学のさらなる研鑽のためにオランダのナイメーヘン大学で博士課程に進んだ。オランダで彼はアムステルダム合同司牧研究所（Amsterdam Joint Pastoral Institute）とユトレヒト神学研究所（Catholic Theological Institute of Utrecht）で司牧心理学と霊性を教えた。そして同時に神学修士課程を修め、博士課程に進んだが、博士号を取得することはなかった。その後アメリカでも博士号を取得することに興味を示さなかった。結局のところ、ナウエンはつくづく博士号というものに縁がなかった。それは、純粋にアカデミックな研究者となることに関心を持つことができずに、人々との交わりの中で受ける刺激やそれを自己の中で振り返る営みが彼の最大の関心だったからだろう。中でも彼が一番に関心を持っていたのは、他者のこころの配慮、さらに一歩進んで霊的な領域である魂の配慮であった。実際、それが彼の著作や活動を一貫して貫いているテーマとなった。それは、のちに大学というアカデミックな環境の中で感じる葛藤とそれに伴う識別の時、そして最終的に大学を去って、ラルシュへと向かう道につながっていくことになる。

イェール神学大学院にて（一九七一―八一年）

一九七一年にイェール神学大学院（Yale Divinity School）のコリン・ウィリアムズから再三の誘いがあり、熟慮の末、ナウエンは、アイビーリーグのひとつであり、プロテスタントのイェール大学で司牧・牧会神学を教えることになった。教えるにあたって大学側に差し出した条件は興味深い。その条件とは、博士論文の提出を要求しないこと、三年以内に終身地位（テニュア）を保障すること、五年以内に専任教授に昇格させること、自分の著作に対して専門的な内容を要求しないという以上四項目だった。[注22] ナウエンは、頭から博士号を取るつもりがなかったので、このような条件を出した。それは裏を返せば、アメリカでの安定した活躍の場としてイェール大学を選んだということなのだろう。ナウエンの存在が大学における心理学と神学の関係の新しい可能性に必要と判断した大学側はこの条件をのんだ。一九七四年には彼はテニュアを持った准教授となり、同時に合衆国の永住権を取得した。また、七七年には教授に昇格した。同僚のシスター・マーガレット・ファーリーは当時を振り返る。

最初、ヘンリはイェール神学大学院が期待していたとおりではありませんでした。今でこそ、合衆国や世界のあらゆる宗教各派の主要な関心事となっていますが、当時、霊性はプロテスタント教会の中で、今一つ懐疑的に見られていたのです。ヘンリはその中心にいて、その時から彼の存在は学生たちを現象といってもよいほどに熱狂的に刺激しました。それが時には同僚たちから疎まれる原因にもなったことも確かです。残念ながら、すべての人が彼を理解していたというわけではないのです。[注23]

由緒あるプロテスタント神学院であるイェールにおいて、ヘンリ・ナウエンは少々変わり種であったようだ。彼自身もこう述べている。

私たちはここで数学や物理、歴史や言語といった規則性のあるものを教えるように言われていません。そうではなくて、学ぶことの源として私たちの信仰を他の人々と分かち合うように招かれています。教師になるということは、友のためにいのちを捨てることであり、証しするという本来的な意味で「殉教者」になることです。教師とは学生たちが意味の探究をする場として自分の信仰体験や、孤独や親密さ、疑いや希望、失敗や成功を差し出すことを意味しています。教師になるということは、聖パウロがコリントの教会の人々に宣言しているように「私がキリストに倣う者であるように、あなたがたもこの私に倣う者となりなさい」と言うのと同じ大胆さを持つことなのです。また教師になるということは、イエスが弟子たちに言ったことを習いたいと思う人たちに向かって「来て、見なさい」と言うことです。[注24]

この学校でのエキュメニカルな出会いや活動は、彼にとり非常に大きな意味をもたらすことになった。

一九七二年、彼は初期代表作 *The Wounded Healer: Ministry in Contemporary Society*（邦訳『傷ついた癒やし人』）を発表した。これは、彼自身の司牧・牧会体験と独自の内省に基づいて書かれ、世界中の多くの神学校や教会で司牧・牧会のテキストとして使用されており、現在は「古典」と称される一冊となっている。彼の問いかけは「現代社会において司牧者・牧会者であることの意味は」というものだ。苦悩する世界、世代、人間そして司牧者・牧会者自身について、苦しむことの意味は何かを論じつつ、自らの傷を癒やしの源とするためにどうすべきかということを、ここでの主題として取り扱っている。

一九七四年には *Out of Solitude: Three Meditations on the Christian Life*（邦訳『静まりから生まれるもの』）と *Aging: The Fulfillment of Life*（邦訳『老い　人生の完成へ』）の二冊を出版した。

この年にヘンリ・ナウエンはサバティカルをとって、ニューヨーク郊外のトラピスト会ジェネシー修道院に七か月間滞在した。これは、かねてからの彼の霊的指導者であったトラピスト会士ジョン・ユード・バンバーガー[注25]がジェネシー修道院の院長であったことや、彼自身の「やむことのない探究心」の結果である。こうして特別な許可をもらい、修道院共同体の一員となった。この滞在の実りは一つの本になった。これが *The Genesee Diary: Report from a Trappist Monastery*（邦訳『ジェネシー・ダイアリー』）である。彼はその中で彼の内面に巣くうむなしさを告白している。

きっと私は神と語らう以上に神について話した。祈りについて書いたけれども、祈りから遠ざかっていた。確かに神の愛以上に人々からの賞賛に心を向けていた。私は神の摂理のうちに解放されていく人間どころか、人々の期待の奴隷になっていた。きっと……はっきりとはわからないけれど、一歩下がることでそしてどんなに痛みを伴おうが、きつい問いに直面しなければいけないのだということはわかっている。[注26]

彼はこの本の中で、正直に霊的生活に関する疑問を読者と分かち合っている。あまりに赤裸々な内容は、多くの人が抱えながらも表現しきれないこころの叫びと合わさる。そこに多くの読者が惹かれるのだ。ナウエンはこころのうちにある個人的な疑問、答えるのが困難な疑問、多くの人が抱えている疑問を投げかけることを恐れない。時に自分の弱さや限界をさらけ出すことによって、さまざまな方法で人はナウエンとつながることができる。

これがヘンリ・ナウエンの最大の魅力であるといえる。特にこの本では、大学での多忙を極める教授職と彼の孤独、不安、弱さとアンバランスが際立ってきた時、自ら修道院に退き、あえて祈りと労働を通してこの問題に直面する中での葛藤が描かれている。ジョン・ユード・バンバーガーによる霊的指導はナウエンを力強く支えた。ナウエン自身がこの本の中で言っている。

ちょっとした、些細なことで絶望的な思いになったり、まったく落ち込んでしまったりする。ジョン・ユードは、実際だれも自分が望んでいるように愛情を与えてくれる人はいないのだから、自分がいかにこうした要求に傷つきやすいかということを非常にはっきりと示してくれた。[注27]

彼の存在は、ナウエンが霊的にも人間的にも一歩成長するのに不可欠な道案内となった。この本がナウエンの新しい境地を切り開くターニングポイントになったのは言うまでもない。

続く一九七五年、*Reaching Out: The Three Movements of the Spiritual Life*（邦訳『差し伸べ

られる手』）を発表した。この中で彼は三つの関係、すなわち自己と、他者と、神との関係を結ぶものとして人生を捉えている。これは後々まで続く彼の霊性の基本的枠組みともなるものだ。

一九七六年にはミネソタ州カレッジビルのエキュメニカル文化研究所（The Institute for Ecumenical and Cultural Research）の研究員となった。ここでの研究と講演をもとに *The Living Reminder: Service and Prayer in Memory of Jesus Christ*（邦訳『生きた想起者』）を発表した。

一九七八年にはローマにある北米の司祭養成機関である北アメリカ学院（North American College）の客員教授となり、五か月を過ごした。そこでの神学生や司祭、修道者たちに語った独身制と瞑想についての講義録が一九七九年に *Clowning in Rome: Reflections on Solitude, Celibacy, Prayer, and Contemplation*（未邦訳『ローマで道化を演じる』）という本の形で出版された。

一九七八年は彼にとって重大な出来事があった年だった。最愛の母を失ったのだ。彼の存在をどこまでも肯定してくれた母を失った悲しみは予想以上に大きかった。最愛の人の死という経験から彼は二冊の本を書いた。*In Memoriam*（一九八〇年、邦訳『母の死と祈り』）と*A Letter of Consolation*（一九八二年、邦訳『慰めの手紙』）である。前者はナウエンが「死」というテーマを発展させるきっかけとなった。最愛の母の死は悲しみの絶頂に彼を追い詰めると同時に、最愛の人の人生の完成という神の業をナウエンに体験させたのだった。彼は母の死に際してこう述べている。

私は母が神と完全に一つになる瞬間に入るのを見た。そこで人生の最後の決心がなされるのだ。それこそ、信仰の決意である。注28

母の死から四か月後の一九七九年二月に、ナウエンは再びジェネシー修道院で二度目のサバティカル期間を過ごした。この静かな雰囲気の中、彼は母を失ったことを深く悲しむと同時に、埋めることのできないこころの空洞を感じた。彼を無条件に愛してくれた母の死で、彼をさらに深い愛で包んでくれる神を意識せずにはいられなかった。この悲しみと喪失感の中で、母親の思い出や今は一人となった父親への愛を、彼は手紙という形を通して父親と分かち合うことに決めた。これが後に出版される*A Letter of Consolation*（一九八二年、邦訳『慰めの手紙』）である。これは死をテーマとした二作目の著作となった。

この時のジェネシー修道院での滞在は、前回とは少し異なっていた。ナウエンは相変わらず、自分の本当の居場所を発見できないでいたが、彼はもっと深く祈りの世界に入り込んでいった。この祈りと省察の結果として、一九八一年に *A Cry for Mercy: Prayers from the Genesee*（邦訳『主の憐れみを叫び求めて』）を発表した。

このほか一九八一年から八二年にかけて、彼はさらに三冊の本を発表した。それらは、砂漠の教父についての彼の講義をまとめた、*The Way of the Heart: Desert Spirituality and Contemporary Ministry*（未邦訳『こころの在りよう』）と、信仰生活をどのように生きたらいいかという多くの人の疑問に答えた *Making All Things New: An Invitation to the Spiritual Life*（邦訳『すべて新たに』）、そしてドナルド・マクニールとダグラス・モリソンとの共著で人間と神との関わりに注目した *Compassion: A Reflection on the Christian Life*（邦訳『コンパッション』）である。

ナウエンにとって、イェール大学におけるアカデミックな世界の競争社会は、ライバル意識と孤立感を強めるものでしかなかった。論文を書き研究発表をし続けなければならない大学社会に疑問を感じたのは、これが最初ではなかったが、キリストとのより深いつながりを意識できないイェール大学は自身の居場所ではないと感じたのだ。もっと根本的な司牧・牧会体験をするべきであると考え、このことにこれ以上目を背けることができない状態になった時、彼は教授職を辞職した。今や彼の眼差しはラテンアメリカに向いていた。そこには、特にジェネシー修道院における気づきがあった。それは、信仰生活は祈りと小さな人々とともに生きることで統合されるという確信だったのである。

ラテンアメリカにて（一九八一―八二年）

ナウエンはイェール大学にいたころから、ラテンアメリカの教会と社会に対して関心を抱いていた。ブラジルの大司教ヘルダー・カマラにワシントンＤＣで会った時も、執拗なほどにラテンアメリカの教会について質問を投げかけた。それはこの二つの大陸の間にある否定しがたい結びつきを、神がご自分のみ業を顕すためにお使いになると固く信じていたからである。そして第三世界と呼ばれる国での宣教に対して自身の可能性を探っていた。彼は新たな「召命」を模索していたのだった。

折しも時代はアメリカ合衆国大統領ロナルド・レーガンがラテンアメリカ諸国のテロやゲリラ活動を警戒して、兵器の大量輸出と軍政権支持の体制を敷き、ラテンアメリカ諸国で抑圧、人権侵害などが横行していた時だった。ナウエンは、南米諸国を短期間で訪れ、そこでメリノール会の宣教師たちと出会い、宣教師となる夢を膨らませていった。彼が来る前に、宣教師たちは冗談交じりに、食事中の会話が後で本になってしまうかもしれないと言っていた。町を見回し、人々の深い宗教心にいたく感銘したナウエンは、これで本が書けると興奮気味に彼らに語ったのだった。宣教師たちはそれを聞いて微笑んだという。

ボリビアでスペイン語の特訓を受け、ペルーでラテンアメリカの歴史と現状に関するオリエンテーションを受けた。また、苦しい状況に置かれている人々の暮らしを覗いたりしているうちに、ナウエンは簡単に解決することができない政治的、社会的、経済的な問題の大きさに直面した。新しい環境から来るカルチャーショックや、異文化において自己理解がゆさぶられてナウエンが苦労している様を、宣教師たちは見ていた。その中の一人のメリノール会司祭ピート・バーンは次のように語っている。

彼は明らかに自分自身と彼が宣べ伝える神について知り、理解しようと必死になっているのがわかる。だから、こうして宣教の中にそれを見出そうとしているのだろう。彼は今、発見の途上にある。彼は押し付けではないが、チャレンジに富んだ疑いと驚

きを分かち合っている。そしてすでに人々のうちにある神のみ顔を求める者として、
またその発見において喜んで人々と分かち合う者としてここに来たのだ。[注29]

ナウエンのラテンアメリカでの体験は、彼の霊的遍歴の中に社会的な次元をもたらした。それは、自己の信仰生活の統合に常に物足りなさを感じていた彼が見出した、新たな霊性の形だった。その日の暮らしに事欠く人々とともにあって彼が理解したのは、本当の意味での宗教心は、教会での儀式の中にのみあるのではなく、日常生活の悲喜交々を通して神の愛を求めていく人々の中にこそあるということであった。宣教とはどこで働くかということ以上に、どこにいようとも自分の持てるものを分かち合い、伝えることなのだということを、強く感じるようになった。

ナウエンが、解放の神学の体系的創始者であるグスタボ・グティエレス神父と出会い、意見を交換し、互いに新たな洞察を得ているのは興味深い。彼は当初より解放の神学に好意的であったわけではない。しかし、実際に、貧しく、底辺に追いやられている人々との生活の共有の体験から、自分がいかに北アメリカの保障された生活の中から生まれた知的な霊性のレベルを生きてきたかということ、そして聖書における神のメッセージが政治的、

社会的な権利の戦い以上のものであることを理解し始めたのだ。それは本当の意味で「生きること」への戦いであることを知ったのである。

しかし、同時に祈りの雰囲気と共同体を強く求めるナウエンと、現地で社会正義の進展に重きを置く宣教師たちとの間には溝があったことも否めない。時に、ナウエンにはそれは個人の霊性を犠牲にしていると映った。彼は、政治的社会問題の解決に走り過ぎる向きもあった解放の神学を、全面的に受け入れたわけではなかった。こうして、彼は自分が宣教師として神に呼ばれているのではないことを識別し、北米と中南米の微妙な関係に目を留め、北半球の回心に南半球の人々の共同体が大きく関係していることを呼びかけた。こうした体験をもとに彼は *¡Gracias!*（一九八三年、未邦訳『ありがとう』）を書いた。彼は北アメリカに戻り、ラテンアメリカの人々の状況について書き、講演することを選んだのだった。

ハーバード神学大学院にて（一九八三—八五年）

アメリカ合衆国に戻ったナウエンは早速、ハーバード神学大学院からの教授職のオファーを受けた。ハーバードのほうにもそれなりの希望と期待がナウエンに対してあった。基本的に半期だけ大学で教え、後半は自由な思索と研究にあててよいということを条件にこの職を手に入れた。この半年の時間を利用してラテンアメリカでの独自の司牧・牧会や研究を続けた。この時、彼はその前年にニカラグアで殺されたアメリカ人宣教師スタンリー・ローザー（Stanley Rother）神父の殉教の足跡を訪ねて、かの地に行った。その内容は*Love in a Fearful Land: A Guatemalan Story*（一九八五年、邦訳『グアテマラ物語』）に詳しく書かれているが、いのちの危険を冒してまで、グアテマラの人々に最後まで寄り添ったこの司祭の生き方にナウエンは深く共鳴したのだった。ナウエンがここハーバードで教えたのは、解放の神学とキリスト教霊性についてだった。ハーバードが彼に求めたのは、将来牧会の現場で働くことになる学生たちに、より深い霊性理解、人間理解をもたらすということだった。しかし、世界最高峰の由緒ある大学で、教授たちのしのぎを削る競争はナウエンの想像を越えるものがあった。

当時のラテンアメリカは終わりの見えない内乱で混乱状態だった。その中でもニカラグアでは左翼政権とアメリカの支援する反政府軍との間での戦いが続き、ナウエンはその現状を目の当たりにした。彼の考えは、アメリカは即刻このニカラグア問題から手を引くべきというものだった。自分が現状をつぶさに見て、彼独自の神学的分析を加え、それをアメリカに戻ってからハーバードの学生たちに伝えた。社会的関心を持った一部の学生たちがナウエンの授業に飛びついたのは不思議なことではない。

しかし、大学当局としては何もナウエンにそうした内容を教えて欲しいとは考えていなかった。大学は、より内省的な事柄や祈りなど、純粋なキリスト教霊性を教えることをナウエンに望んでいた。また、大学の同僚からもそんなナウエンに対して冷ややかな視線が向けられた。

自然とナウエン自身もハーバード大学に、ある種の居心地の悪さを感じ始めた。そして彼の孤独感と居場所を求めるこころの渇きは、さらに深まる一方だった。ナウエンはある本で当時の自分を振り返って言っている。

> 司祭叙階から二十五年たって、私は祈りがおろそかになり、人々からも孤立しているような気がする。自分の中にある問題に四苦八苦しているし……、ある時ふと気がついた。自分が真っ暗な場所に一人置き去りにされていること、そして「燃え尽き」という言葉は霊的死を心理学的に訳したに過ぎないことを。[注30]

ナウエンは一九八五年に春学期を教え、そしてハーバードを退職した。彼はこう振り返っている。

ハーバード大学に対する私の気持は、怒りよりむしろ感謝のほうが大きい。虚構的な面があるにもかかわらず、ハーバード大学は、もっとも思いやり深い数名の友人を私に与えてくれた。また、イエスを純粋に愛したいという願いを強めてくれたし、知的ハンディを負った人々と共に生きるという私の使命に気づかせてもくれた。ハーバード大学がなければ、おそらく、私にとってラルシュはなかっただろう。[注31]

こうしてナウエンは新しい召命に向かって前進することになる。

ラルシュに「家」を見つける（一九八六―九〇年）

一九八三年にナウエンはジャン・バニエのかねてからの誘いで、六週間をフランスのトローリーにあるラルシュ[注32]で過ごすことになった。ナウエン自身もこれが神のみ旨の識別につながるのではないかと期待を持ち、障がい者たちとの生活が始まった。この三年ほどの間に二冊の本を出した。*Lifesigns: Intimacy, Fecundity, and Ecstasy in Christian Perspective*（邦訳『いのちのしるし』）と *Behold the Beauty of the Lord: Praying with Icons*（邦訳『主の美しさを仰ぎ見よ』）である。

そして一九八五年の秋から、本格的にラルシュ共同体との関わりが始まった。

そんな中で彼はカナダのトロントにあるデイブレイク・ラルシュ共同体を訪れる機会を得た。この共同体に温かく受け入れられ、今までに感じたことのないような親密さをそこにいるすべての人に感じた。一九八五年十二月十二日、ある手紙がフランスに戻っていた彼のもとに届いた。それはデイブレイク・ラルシュ共同体からの一緒に生活をしないかという招待状だった。その手紙は次のようなものである。

あなたの賜物は、私たちにとって必要であると心から感じています。同時にデイブレイクは、あなたにとって良い場所になるだろうとも感じています。私たちはあなたに、あなたを愛し、あなたが成長する契機ともなって欲しいホームとコミュニティを用意

し、著作と講演活動という大切なあなたの使命を支えたいと願っています。[注33]

このような手紙をもらった彼は、自分の召命の方向性がこの共同体にあるのだろうかと識別の必要性を感じたので、彼の目上の許可を取る必要性があった。彼の目上であるユトレヒト大司教区のシモニス枢機卿は熟慮の末、ナウエンに新しい生活の試みの許可と祝福を与えた。彼は一九八六年の五月にデイブレイク・ラルシュ共同体の理事会と話し合い、互いの必要性や意見を交換した。そこで、デイブレイクが霊的な刷新の歩みをナウエンとともに始めたいということ、そして彼の著作活動や講演などをサポートするという内容に合意した。

一九八六年の八月にナウエン、五十五歳にしての新境地への歩みの一歩となった。そこはさまざまな宗教、背景、ライフスタイルを持つ人々の共同体だった。彼は共同体の一つの家であるニュー・ハウスで、コア・メンバーと呼ばれる障がい者とそのアシスタントたちとともに共同生活を始めた。三十年以上、大学で何不自由なく一人で生活してきたナウエンにとって、デイブレイク共同体での生活は正反対の家庭的雰囲気の中での共同生活であり、当初、自分の好きなように生きられない窮屈さも感じた。しかし、新しい生活ではかつてのように何かを達成する、評価されるという面に重きを置くのではなく、真摯で誠実なあり方に重きが置かれるようになった。サンドイッチさえ一人でうまく作ることができないこの元大学教授の司祭は、どんなことでも貪欲に覚えようと必死だった。

ナウエンがデイブレイクに来たことで、キリスト教的精神が徐々に浸透していったことは言うまでもない。ナウエン自身が毎日のようにミサ（聖体祭儀）を共同体のメンバーのために捧げ、共同体の外からも大勢の参加があり、多くの人がナウエンの言葉に耳を傾けに集まった。当時を振り返って友人のロバート・ジョナスはこう言っている。

> 彼らは自分たちの抱えている疑い、失望、不安という影のもとにあって、ナウエンの持つ輝きある光を取り入れようとしに来ていた。そしてそれは自分たちの持つ光を発見するためであったかもしれない。（中略）ある人が言っていた。ヘンリ・ナウエンが聖体祭儀をする時、人は神の言葉を聞くだけではなく、まさにそこで神の言葉に出会うのだと。[注34]

こうしてデイブレイクは人々が神と出会い、癒やしを体験する場となっていった。ナウエンが実際に担当したのはアダム・アーネットという重度の障がいのある二十五歳の青年であった。毎朝、彼を起こし、着替え、洗面、トイレそして食事さらにリハビリという日課をこなすことがその大きな役割であった。後にこの経験からナウエンは *Adam: God's Beloved*（一九九七年、邦訳『アダム　神の愛する子』）という本を書くことになる。

ナウエンは介助なくては生きることの難しいアダムが、実は、自分の人生の教師であると悟っていった。ハンディキャップのある仲間との生活の中で、彼は自身の持つ「障がい」に気づいていった。単に家事が不得意であるといったことではなく、自分が問題ではないと感じていたことが、実は大いに彼の弱さであったことに気づき始めたのである。それは親密さを養うという点であった。

だが現在、ナウエンが生活を共にしている仲間たちは、かつての生活の仲間とは違っていた。彼らは真摯に、ストレートに自分の思いや気持ちを伝えてくる。そして相手の態度に誠実さが欠けていたりすると、それをいとも簡単に感じ取ることができる。自分が「親密さ」についてあれほど本を書き、講演をしてきたにもかかわらず、実生活の中でそれを生きることの難しさを根底から体験した。この新しい気づきはすぐに解決するものではなかったが、さらに深い自己への問いへと彼を導いた。そこに明らかになったのは、彼の愛情への深い渇きであった。共同体も友情も満たしきれない、彼の愛の渇きに応えることができるのは何かという問いに対して、彼はこう答えを出した。――神のみがこの渇きを癒やすことができる。

一九八七年、十四か月ほどの滞在を充実感のうちに過ごしていたナウエンは、名実共に「魂の暗夜」を体験した。人生の中で一番苦しい時期に適応障害に陥ってしまった。彼はこのころ、ある施設で癒やしと回復の治療を受けた。この精神的危機の最大の理由は、親友との友情の中断にあったといわれている。彼が最も安心でき、信頼できた友人ネイサン・ボールとの友情の断絶は、ナウエンの一方的で独占的な態度と過度の期待が原因だったとされる。ナウエンはこの友人さえいれば何も怖くない、この人は自分を最大限に愛してくれ、受け入れてくれるという何にも代えがたい信頼感を持っていた。しかし、当の相手はナウエンの過度の期待に応えきれないという呵責の念をいだき、今は、これ以上の関わりを持てないことを告げた。ナウエンにとってそれは、大きな痛みの代償を伴うものだった。*The Road to Daybreak: A Spiritual Journey*（一九八八年、邦訳『明日への道』）の中でナウエンはこう振り返っている。

ネイサンへの依存は、コミュニティを生活の中心にすることを妨げていた。無意識に私はこう思っていたのだ。「私はすでに家がある。本当のところは、他の家などいらない」。しかし、コミュニティの生活に深く入って行くに従い、しだいに気づいた。イエスに従う呼びかけに応えるためには、特定の親密な友情の中にではなく、ハンディを持った仲間との共同生活の中に導きを見つけねばならない、と。[注35]

ナウエンが真摯に、神だけに従うという生き方を貫くために、この危機的体験は不可欠であった。治療を受けながらも、彼は単に心理的な回復をめざしたのではなかった。存在がある意味、新しく生まれ変わる「霊的な回復」の時でもあった。彼は徐々に回復していった。こうした最中にあっても彼が書くことを止めなかったということは意味深い。自分の内に起こるさまざまな洞察やアイデアを言語化し、書きとめることは彼の赤裸々な霊的告白となり、後に暗夜を歩む多くの読者のともし火となったのである。

ネイサンに感じた感情は、友情の域を超えたものであったのだろう。しかし、それはある時から、友情を超えた愛情と愛着であったのではなかっただろうか。そのような思いを抱く中で、彼は安心と同時にある種の分離不安にも苦しんだと思う。彼が生前公にしなかったことだが、同性愛的傾向を持っていたことは、多くの人の証言からしても明らかであろう。[注36] そしてその苦しみが、彼の霊性を形成する上で大きな力となった。そのことは後で述べることにしたい（本書一二二頁以下参照）。ナウエンは、ネイサンへの気持ちをキリストに倣う「友情」へと昇華していくことを、少しずつ学んでいったのだと思う。

デイブレイク共同体に戻ったナウエンは、同じオランダ人であったレンブラントの作品「放蕩息子」に魅せられ、サンクト・ペテルブルクのエルミタージュ美術館を訪れている。彼はゴッホと同じようにレンブラント自身にも同郷という以上に、ある種の親近感を感じていた。それは苦しみからの回帰という経験であった。彼がこの「放蕩息子」に見出したのは、三人の登場人物、父親、兄、そして弟についての考察だった。そうして、彼が神のみに無条件で愛されることができることを知るに至った、自身の遍歴についてまとめた。これが *The Return of The Prodigal Son: A Story of Homecoming*（一九九二年、邦訳『放蕩息子の帰郷』）である。この中で彼はそれぞれの登場人物に自己を当てはめていった。兄と弟には比較的容易に自己投影ができたのだが、父親にはなかなか入り込めなかった。そんな折、知人に「結局、あなたは『父親』にならないといけない」と言われ、改めて自分の問題の本当の招きに気づくことになった。彼自身が無条件で他者を受け入れる存在に成長しなくてはいけないのだという招きだった。帰還、愛、和解というテーマでこの本は展開している。

さらにその四年後には「暗夜の時代」に彼が書き連ねた個人的な日誌が編集され、出版された。内容があまりにも個人的な苦しみについて書かれていたので、当初彼はその出版に賛成ではなかったが、いくつかの部分を修正し、より多くの読者のために世に出すことになった。これが、*The Inner Voice of Love: A Journey Through Anguish to Freedom*（一九九六年、邦訳『心の奥の愛の声』）である。これは五十の命令形の動詞によってテーマが組まれていて、危機の渦中にあった自分自身にあてた叱咤激励の言葉である。これは彼からすべての人にあてた「生きよ」という力強いメッセージだった。

再びデイブレイク共同体にて（一九九〇—九六年）

ナウエンがデイブレイク共同体に来て、四年の歳月が流れ、今までの彼の関わりと今後のことが話し合われた。そこで、ナウエンに、より積極的な司牧・牧会活動を、デイブレイク共同体を拠点に行うことが提案された。エキュメニカルな関わりや他宗教との誠実な協力や理解がデイブレイク共同体で行われたのもこの時期からだった。彼自身はその点においてだれよりも進んだ考えを持っていた。[注37]

一九八九年の冬にナウエンは、車のサイドミラーにぶつかるという事故にあって、肋骨を五本折り、脾臓から出血する大怪我を負う。彼は緊急治療室に運ばれ、生死の境をさまよった。この経験から彼はまた新しい境地に至った。神のみに信頼を置く信仰の深みへと至る招きである。この経験から *Beyond the Mirror: Reflections on Death and Life*（一九九〇年、邦訳『鏡の向こう』）を出版した。

同じ年に彼は自己の体験を踏まえて、シスター・ヘレン・デイビッドの挿絵とともに、キリストの受難についての黙想書 *Walk with Jesus: Stations of the Cross*（邦訳『イエスとともに歩む』）を出版した。

一九九二年には、ユダヤ人の無神論者で友人のフレッド・ブラットマンの「世俗の中に生きる者が人生の本当の意味と神の存在を知るにはどうすればいいのか」という疑問に答える形で、ナウエンは本を書いた。それが、*Life of the Beloved: Spiritual Living in a Secular World*（邦訳『愛されている者の生活』）である。この本で当初考えていたように、ナウエンはフレッドや彼の友人たちとの間にある神理解、人生観などの溝を埋めることは結局できなかった。しかしながら、これは、ナウエンが長年、声を大にして訴えてきた霊的な真理の明らかなメッセージだった。それは神に愛されている者としての人間というテーマだった。

一九九四年には、前年に亡くなった彼の親戚やエイズで亡くなった友人、デイブレイク共同体のメンバーに宛てて本を書いた。それが「私たちは死ぬ用意ができているか？ よりよく死ぬための手伝いをしているのか？」という疑問から出発した *Our Greatest Gift: A Meditation on Dying and Caring*（邦訳『最大の贈り物』）である。

先述のように、カトリック司祭であるナウエンは、日毎、デイブレイク共同体で仲間やアシスタントとともにミサ（聖体祭儀）を捧げていた。ミサは、子どもの時からナウエンを魅了してきた、いわば司祭の務めの中心である。聖体祭儀を執り行う中で、彼は、聖体祭儀とキリスト者の日常の経験を関連づけて書いてみたいと思った。そうして生まれたのが、ルカ福音書のエマオの出来事をモチーフに書かれた、*With Burning Hearts: A Meditation on the Eucharistic Life*（邦訳『燃える心で』）である。

また、*Here and Now: Living in the Spirit*（邦訳『いま、ここに生きる』）を書き、平易な言葉で、霊的生活について彼の考えを分かち合った。

一九九五年には一連のブックレットシリーズ、*The Path of Peace*、*The Path of Waiting*（邦訳『待ち望むということ』）、*The Path of Freedom*、*The Path of Power*（邦訳『まことの力への道』）を刊行した。

一九九五年の九月から一九九六年の八月まで、ナウエンはデイブレイク共同体からサバティカル休暇をもらった。それはデイブレイク共同体での十年にわたる奉仕へのねぎらいのしるしだった。彼はこのサバティカルをことのほか喜んでいた。彼はこの一年にわたる体験を日記に書くことをデイブレイク共同体から頼まれていた。これが死後に出版された *Sabbatical Journey: The Diary of His Final Year*（一九九八年、邦訳『最後の日記』）である。

彼は一年のサバティカルを終え、デイブレイク共同体に戻ってきた。しかしそれは、オランダのテレビ局の要請によりレンブラントの「放蕩息子」についての番組制作でロシアに行く前の、一時的なものに過ぎなかった。その後、彼はロシアに行く前に短い休暇を取るため、母国オランダに立ち寄った。オランダに着いた彼は周囲の人に疲労を訴えていた。そして、九月十六日の夜に胸の痛みを訴え、病院に緊急入院した。診断は心臓発作だった。その知らせを受け、デイブレイク共同体からもネイサン・ボールが駆けつけた。枕元にいるネイサンにナウエンはこう告げた。「私は死ぬとは思わないけれども、もし、そうなったら、皆に伝えてほしい。私は感謝で一杯だと」[注38]。小康状態になり、病床にいるナウエンとネイサンそして友人のヤンは共に聖務日課（教会の祈り）を唱えた。そこで詩編九一が読まれた。

詩編九一全体を貫く〈わが神よ、あなたに信頼を置く私を見捨てないでください〉という祈りは、人生の終わりに差し掛かっていた彼の真意であった。その後、友人二人は病室を後にした。一人になったナウエンを二回目の発作が襲ったのはその時だった。治療の甲斐なく、彼は意識をなくし、六四年の生涯を閉じた。一九九六年九月二十一日、朝六時のことだった。

世界中に友のいるナウエンのために葬儀は二回行われた。最初は三九年前に彼が司祭叙階の時にひれ伏したオランダ、ユトレヒトのカテドラル（司教座聖堂）であり、彼の上長シモニス枢機卿の司式で捧げられた。送辞を述べたのはラルシュ共同体のジャン・バニエだった。バニエはナウエンがエネルギーとビジョンと洞察に満ちていたが、同時に痛みを抱えた人物であったと述べた。また、その苦しみが活動の原動力だったとも言った。

オランダでの葬儀の後、彼の遺体はカナダに運ばれ、聖マリア大聖堂とカトリック東方典礼の御変容大聖堂で、デイブレイク共同体のメンバーと多くの彼を慕う人々に囲まれて荘厳に葬儀が行われた。彼の遺体はその後、トロントの聖心墓地にある、大好きであったひまわりの花に囲まれた墓所に埋葬された。

第三章　ナウエンの霊性の特徴

その霊性の特徴

　この章では、ナウエンの霊性の核心、特に、孤独と無力感そして、友情というテーマを「傷」という側面から考察したい。ナウエンは、自身の終始やむことのなかったさまざまな「傷」についてどのように捉えていたのだろうか。傷を負いながらも癒やし人としての人生を送ったナウエンの歩みを振り返ってみたい。彼は晩年の日記にこう記している。

だれにもわたしの傷は癒やせない。でも親しい友だちと「傷」について話ができると、少し痛みが消える。すぐに口がひらいて血を流し始めるこの心の「傷」を、どうしたらいいのだろう？　わたしには、この傷のことはよくわかっている。もう長い年月、わたしは傷を負ったまま生きてきた。愛情に対する限りない飢え、人々からのけ者にされるのではないかという限りない恐れ――この傷が癒えるとは思わない。いつもわたしを苛む。[注39]

ナウエンがもしこの状態で失望に陥っていたら、救いは程遠い。しかし、彼はこの傷こそ神への突破口であることを自覚し、この痛みが、救いへの入り口、栄光への扉、自由への通路であると確信し、さらには、この傷は、傷の形を借りた恩寵だということを知っていた。この「傷」が人々と分かち合うことになる彼の霊性に「冴え」を与え、同時にその霊性を解く鍵となる。

孤独との付き合い――LonelinessからSolitudeへ

彼の霊性の根幹を成すものとして、孤独と彼自身の無力さの自覚がある。孤独感と無力感が、そこで終わってしまうとむなしい絶望感にさらされるが、彼の場合、その経験が本当の意味で人と出会い、交わっていくための、また、神に愛されているという何にも代えがたい自覚へとつながる出発点になっている。とはいえ、彼ほど一人になることを恐れ、他者からの拒否や期待はずれの返答に落ち込んだ人はいないだろう。はじめにジェネシー修道院で過ごす間に、霊的指導者のジョン・ユードはナウエンのそうした反応を、「誇張され過ぎている」と指摘した。自身のこころの反応を見つめて、彼はその著書『ジェネシー・ダイアリー』の中でこう記述している。

どこか私の心の中で、相手に完全な愛情、無条件の愛、最高の満足を要求する気持ちがあるに違いないのです。私はいつも完全に人から受け入れられることを期待していて、その期待をほんの些細な事柄にも求めてしまうのです。どんな取るに足らないことでも、完全に受け入れられることを期待しているので、何でもない拒絶も、衝撃的な絶望感と、決定的な自信喪失をたやすく招くのです。私を完全に満たし、受け入れてくれる相手は実際にはいないので、そんな要求によって、私がどんなに傷つきやすくなってしまっているかをジョン・ユードははっきり指摘してくれました。たとえ誰かが、無条件に全てのニーズに応え、全てを包み込んでくれる愛情を差し出してくれたとしてもそれを受け止めることは不可能なのです。なぜならそのためには幼子のように全てを委託することが要求されるのであって、大人になってしまっている私にはとても容認できないからです[注40]。

それは、自分にはどんな限界があり、どんな弱さがあるのかという、彼が逃げ切ることのできなかった濃い影の部分との出会いであり、受容である。ここで、彼の持っていた孤独感の大きさを見ることも、彼の思想の理解へとつながるだろう。同著の別の箇所ではこうも言っている。「一人になることを望みながら一人取り残されることを恐れていたのです[注41]」。

過剰なほどに感じてしまうのは、ナウエンの生育歴とパーソナリティによるものなのかもしれない。彼の抱えていた孤独の闇は深い。放っておいたら、その闇に飲み込まれていたに違いない。居場所を失った子どものような不安と寂しさ、そして、見捨てられたと感じる彼のこころの中には、どんな友情も癒やすことのできない深い淵があった。実際、彼はその最後まで「孤独感」と戦った。亡くなる約一年前の日記にこうある。

見捨てられてしまったのではないか、という気持ちにいつも付きまとわれる。こういう気持ちは、なんとたやすく心に入り込み、醜いかま首を持ち上げることかと、いつも驚く。（中略）このかすり傷のような不安。わたしは幾度も自問する。「なぜおまえはそんなに落ち着かないのか、なぜそんなにいらいらしているのだ、なぜそんなに不安で、寂しくて、見捨てられたと感じるのか？」と。[注42]

このようなやり場のない孤独感が、彼のこころを行き来していた。しかし、初期の作品に見られた失望感溢れる無力感と、晩年の無力感とでは何か違う要素がある。彼の外的な変化、すなわちアカデミックな世界からラルシュの世界への移行が、その違いをもたらしたといえる。競争意識と成功願望が支配する前者では、事実、彼は窒息しかかっていた。まさに孤独が引き起こす闇に引きずり込まれそうになっていたのだった。しかし、ラルシュでのハンディある人々との共存の日常生活と最大の精神的危機後の落ち着きの中で、彼は、新しい孤独のあり方を見出していったのだ。それが「むなしい孤独感（Loneliness）」から「神とともに一人でいる（Solitude）」ことへの決定的な移行である。

このような孤独の中で感じる心情を、英語ではemotional vaccum（感情の空白）という。すべてが無意味に思え、何に対しても積極的な関心を持てなくなるような状態のことである。日常、人がそのように感じることはそう多くはない。しかし人生の途上において、大きな失敗をして落ち込む時、大切な伴侶や仲間を失った時、病気で健康が損なわれた時などに、これ以上何も考えられず、考えたくもなくなり、自分のこころの奥底にしまい込んでいる孤独感、焦燥感、自信喪失などが頭をもたげ始める。それは恐ろしい時であり、人はそれに飲み込まれないように、あえて、「空白」のギャップとも言える状態を作り出す。それで一時的であれ、バランスを保とうとする。

このような、負のエネルギーに対する潜在的な対処法がemotional vaccum（感情の空白）であるが、そのほかにより積極的な、キリスト教の伝統の中にある「沈黙」に相当する意識的な取り組みもある。

ナウエンは、前者の痛みを、彼の自然的な傾きとしてよく感じ取っていたように思う。後者はどうであろうか。前述の日記の中で次のように書いている。

沈黙。本当に私にとって沈黙はとても大切です。先週、ニューヘブンに旅をした時、さんざん議論し、おしゃべりし、必要と思われる電話のやりとりをし、修道士たちとも結構たくさんの会話の機会があって、沈黙がだんだんに私の生活から消えていきました。沈黙が少なくなるにしたがって内面的墜落へとますます落ち込んでいく気がしました。始めのうちは、何かしら汚れた、ほこりっぽい不純な感じがしていたのがなぜなのか分からなかったけれど、沈黙の欠如がその主な原因だったかも知れないと分かってきました。[注43]

沈黙は、ナウエンが「神とともに一人でいる」者へと成長していくために、欠くことのできない時間であった。

後年、「むなしい孤独感」が頭をもたげる時もあったが、その落とし穴に陥ること（「内面的墜落」）はなかった。この感情をもたらす偽りの自分を乗り越えたことが、大きな変化へとつながった。真の孤独を味わう時、それは他でもない、神との出会いの時である。

「むなしい孤独感」と「神とともに一人でいる」ことを別の言葉で言うならば、「偽りの自分」と「真実の自分」ということになる。ナウエンは偽りの自分からの声に耳を傾けると真実の自分が見えなくなることを、次のように言っている。「得意になっているときも、意気消沈しているときも、私は真実から離れ、現実の見方を歪めてしまいます[注44]」。この原因となっているのは、偽りの声の源である自己否定である。彼はすぐに拒否されたと感じがちだった。人との関わりの中で、自分が思うような相手からの反応がない場合、自分を低く評価する暗い感情に引き込まれ、落ち込んでしまうことがしばしば起こった。それは、自己拒否という悪循環の状態だった。

自己拒否は真実の自分を認めることを拒む態度であり、神とともにある自己を否定する。お前は何者かになり、自分の成功を示せ、そうすることで自分自身の存在を証明するのだという声は彼を大いに悩ませた。ナウエンを翻弄した偽りの声が最高潮に達したのは、彼がハーバード大学にいる時だった。彼は有能な教授であり、献身的な教師であり、人気のある心理学者だった。しかし、彼はこころの奥底に今にも引き裂かれんばかりの思いを抱えていた。後年彼はこう言っている。

長い学究生活の中で、私の本当の召命は私のキャリアによって阻止されてきた。私の中に抑えつけられないほどの緊張感が生じていた。それは私が教えたことと私が生きている現実の間にある緊張感といえる。私は共同体の重要性について語ってきたが、私自身は一人で自由気ままに生きてきた。祈りについて話してきたが、私自身はじっくりと祈る暇さえ見つけられなかった。謙遜についての講義をしたが、同時に私は成功の頂点に至ろうとしていた。そんな中にあって競争や野心という雰囲気に流されそうになりつつも、なじめない思いがつのった。[注45]

彼は自分自身の中で福音の声、すなわち小さな者になりなさいという教えが徐々に大きくなっていくのを感じた。しかし彼自身がそうなりきれなかったことに、この緊張感の原因があった。かたや最高学府の教授として、彼は世の中に自分の業績と能力を示していかなくてはならない。そのことはさらに彼を自分の本当のアイデンティティから引き離しているように思われた。引き離された自分は、まさに楽園から追放された者たちのように居場所のない空虚感を味わうことになる。愛に価するものであるという人間の本質に目覚めることを阻止するものがある。それが、自己拒否という態度である。神の愛などいらない、それなしで生きていける自立した人間なのだという偽りの声は、真実の愛の声から彼を引き離していた。所在のなさという居場所を失った思いは、ナウエンのアカデミックな世界における支配的感情であったといってよい。

彼は友情を振り返り、「わたしは、支持されていると同時に拒絶されていると感じたし、受け入れられていると感じると同時に無視されているとも感じた。愛されていると感じると同時に憎まれているとも感じた」[注46]という。彼にとって、自己拒否の背景にはこうした劣等感や愛されないことへの極度の恐れがあったのだが、ナウエンは真実の自分を知り、それを受け入れることは何よりも大切なことであると信じていた。耐えがたい緊張感は真実の自分を知り、自分の存在のあり方を理解する時でもあった。それは自分が「聖なるもの」であると知ることであると言っている。

私たちの真実を認めるということは、私たちが聖なる存在であることを、十分ではないとしても、認めることです。私たちの存在の最も深い部分は、精神や感情の支配が及ばないところにあります。しかし、私たちの魂を、愛の神が受け入れてくださることを信じる時、私たちは自分自身の友となり、他の人々に手を差し伸べ、愛の交わりへと導くことができるでしょう。[注47]

自分の真実を認めることほど、難しく苦しいことはない。それは、むき出しで生々しく、時に、外のイメージとはかけ離れている自分しか知らない痛々しさを抱えている。その隔たりが大きければ大きいほど緊張感は増し、神の目にかけがえのない「聖なる存在」であるはずの自分を素直に受け止めるのが難しくなる。その時、大切なのは、真に「聖なる存在」である神がなんの躊躇もなく、この私に手を差し伸べていることを観想することである。真実の自己が神によって聖なるものとして抱かれていることに気づく時、偽りの声ではなく、真実の方からの真実の声を聴くのだ。「あなたは私のものである」。これこそが、人間が聖なるものであることの何よりの証しとなり、あるべきいのちを生きていくための力強い支えとなる。この時、人は神とともに一人になることができるのである。

愛されていることの自覚——無力感からの出発

「あなたは私のもの」という呼びかけは、神の無償の愛の証しそのものである。人がどんなに神の愛から遠ざかっていたとしても、神は決して自らを遠ざけることはない。人はだれでも、記憶の奥底に自分を名指しで呼んでくれる方の声を覚えている。その声をもう一度聴きたいがために、また、聴くことによって自分の本当のアイデンティティを探し当てるために、人は神のもとに帰還するのだ。これは彼の著作『放蕩息子の帰郷』のテーマでもある。ナウエンはその中で彼自身の帰還の体験を振り返ってこう言っている。

ハーバードからラルシュへの移動は傍観者から参加者へ、裁判官から罪人へ、愛の教師から愛されている者へのほんの小さな一歩であった。（中略）そこは私がかつて一度も来たことがないような奥まったところであった。そこは神が自分で居場所と定められた私の内側であった。そこで、私を名指しで呼び、「あなたは私のもの、私の心にかなうもの」と語る愛に満ちた神によって、私は安堵のうちに抱かれるのである。[注48]

この本の中で彼は、忠実だが嫉妬深く、こころを閉ざしてしまう兄と、放蕩の限りを尽くしながらも父のもとに帰還する弟にそれぞれ自分自身を投影している。なぜなら、両方の息子とも、息子としての本当のアイデンティティを失っていたからだ。兄のように不快感と嫉妬と怒りを胸にたぎらせながらの人生は、偽りの自分の生き方を選ぶことになる。

神によって迎えられている者であるという確信を回復することはたやすいことでない。なぜなら、私たちの住むこの世界は「自己不信、低い自己像、自己拒否、落胆という闇に、しつこく私たちを引きずり込もうとする」[注49]からだ。彼はよくこうした状態にある人間を「傷つきやすさ（vulnerability）」あるいは「裂かれている（broken）」という言葉で表現している。人間が本当の神の愛する子どもとしてのアイデンティティを回復するために、こうした傷つき、裂かれるなどの無力感の体験が必要なのだ。無力感という痛みの経験なくして、癒やしもあり得ないのである。ナウエンの人生はまさにその繰り返しだった。彼はその繰り返す思いを多くの読者と分かち合ってきたのではないだろうか。それを包み隠さず、痛みを痛みのままに訴え、そこからの助けを願ったのだ。彼の持つ不安定な自己評価は遠慮せずに顔を出していた。

彼がこの無力感から這い上がってきたのには一人の人との出会いがあった。それはデイブレイクで彼がケアを任された重度身体障がい者のアダム・アーネットだった。アダムは人の助けなしには生きていくことすらできない弱い存在でありながら、そんな彼をナウエンは「私の先生」と呼んだ。無力の象徴的存在であるこのアダムこそが、実は神によって愛されている人間としての輝きを放つのである。

大部分の人々の見方によれば、アダムは家族や共同体や社会全体にほとんど寄与せず、その重荷としかならない障害者だった。しかし、そのように見られる限り、彼の真理は隠されていた。受け取られないものは与えられなかったのである。

だが、アダムの両親が彼を愛したのは、単に彼がアダムだったからである。まさに両親は彼が彼であるゆえに彼を受け入れて愛したのだった。しかも、神がその祝福をもたらす道具とするために徹底した傷つきやすさにおいてわたしたちに遣わした者として、知らず知らずのうちに彼を迎え入れたのだった。アダムに対するこの視点はすべてを徹底的に変えてしまう。なぜなら、アダムはその時、大切な特別の人、すなわち賜物に恵まれた素晴らしい約束の子として姿を現すからである。

（中略）アダムの驚くべき現臨《プレゼンス》と素晴らしい価値はわたしたちを照らし、わたしたちも彼のように恵まれ、愛されている神の貴重な子どもであることを理解させてくれることになった。（中略）彼との関わりの中で、わたしたちはいっそう深い真のアイデンティティを発見するようになった。[注50]

アダムはナウエンにとり、神が人間をこのうえなく愛してくださっている何よりの証しであったと同時に、イエスをより近くから理解させてくれる存在となっていた。彼は言う。「彼のなかで、彼をとおして出会ったイエスに、わたしが近づくのを助けてくれる。イエスがいるから、アダムがいる。アダムがいるから、イエスがいる。どこかで、確かに、アダムとイエスはひとつなのだ[注51]」。

無力感に押しつぶされそうになっていた孤独は、今や神とともに生き、神に愛されている者と、ともに生きる孤独（Solitude）になった。重度の障がい者であるアダムは、ナウエンに愛されていることを自覚させる教師となった。こうして、無力感が無償の愛の自覚の出発点となった。

友情の証し――友のためにいのちを捨てる愛への葛藤

友情という、この幾分使い古された言葉は、実はナウエンにとっての中心課題の一つである。彼自身がバランスのとれた親密さと友情を理解するのに時間がかかったし、それは晩年までの葛藤の一要因だった。ナウエンはこのテーマから独身制について述べているし、また共同体についても触れている。そして、何よりもこのテーマが彼の神概念やイエス・キリストについての考えを理解するうえで大切な鍵となる。

また、親密さと友情に対して距離を置きがちな現代人にとって、ナウエンが語りかけるメッセージは新鮮でもある。つながっていることをどこかで求めていながらも、他人との距離を保つことや、壁を高く張り巡らすことに慣れてしまっている現代人は、ナウエンの葛藤に理解を示すことができるかもしれない。ナウエンは、親密さと友情を阻むものとして「恐れ」をとりあげている。

恐れは私たちを互いに「安全」な距離へと引き離したり、時には「安心する身近さ」へと引っ張ります。しかし、恐れは本当の親密さが存在しうる空間を作り出すことはないのです。（中略）恐れは居場所を作り出すことはなく、それどころか、恐れは必要以上の距離や身近さを生み出してしまうのです。[注52]

しかし、彼はそうした恐れを安易な方法で取り除くことに対して警戒を発している。

痛みが存在せず、互いの隔たりを感じることがなく、人が覚えるあらゆる不安は内なる平安へと変えられる――そんな時と場所を待ち望むのは、夢の国を待ち望むのと同じことだ。友人も恋人も、夫も妻も、共同体もコミューンも、わたしたちが心の奥底に抱く一致と完全性への切なる望みを鎮めることはできない。そしてわたしたちはほとんど自覚しないままに、本来神に期待すべきことを他者に負わせてしまい、その結果、友情や愛を自由に表現することを抑制し、代わりに友情の不十分さや無力さを感じてしまうことになる。友情や愛が、不安のあまりに互いを縛り付けるような関係性へと発展していくことはありえない。友情や愛は、互いの間を行き来するための穏やかで恐れのない空間を必要とする。[注53]

ナウエンは安易な方法で恐れの感情を一時的に紛らわすことは何の解決にもつながらないことを知っていた。彼は対処方法としての公式を決して与えない。それは彼自身が苦悶のうちに理解してきた方法だった。すなわち、まずはその経験に忍耐強く留まること、そこから、進むべき道が見えてくるというのだ。

孤独から逃げ出そうとし、孤独を忘れようとしたり、否定しようとする代わりに、孤独を擁護し、実り多い孤独に変えていかなければならない。霊的な生活を送るためにわたしたちは自分の孤独という砂漠に入って、その場を独りでいられる庭にするように、やさしく忍耐強い努力を続けなければならない。これは勇気だけではなく堅い信仰をも要求する。（中略）孤独が独りきりでいられることへ移り変わっていく動きは、あらゆる霊的生活の始まりである。この変化が休むことのない感覚からゆったりとした霊に、外に向かう渇望から内に向かう探求へ、怖れおののく依頼心から怖れを知らない遊びへの動きだからだ。[注54]

孤独への恐れは、裏を返せば親密さへの入り口だった。友情というテーマは特に後半の著作で取り扱われた。ナウエンは「わたしにとって、友情は大切なものだ。（中略）わたしの苦しみも喜びも、すべて友情と関係がある[注55]」と言う。なぜなら、デイブレイクでナウエンは親密な友情をさまざまな人々と培い、育んでいったからだ。

しかし、彼にとり、ここでの友情は単にこころ温まる友情体験で終わることはなかった。愛し、愛されたいという欲求が強いナウエンは、やはり友情という媒介を通してその望みを実現しようとしていたのだった。それは決して作為的な関係でもなく、搾取でもなかった。しかし、彼は親密な関係の中に神の臨在を常に感じていたし、人間にとって友情が非常に重要なテーマであることを知っていた。だからこそ、彼は積極的にその関係の中に生きようとしたし、その関係は時として大きな苦悶となった。彼にとってこれは終始変わらぬテーマだった。
霊的生活とは、絶えず選択し続けるということであり、中でも最も重要なことの一つは、だれを相手に近くて親しい関係を育てるかという選択であると彼は言う。それは、私たちが愛において、より強く、より深く成長する環境を育てるということだ。しかし彼にとって、友情はいかにも〈危うい〉テーマであったし、不安定な感情を抱いていた。そして、同時に彼は友情が生み出す落とし穴についても自戒を込めてこう述べている。

友人は神にとって代わることはできません。友人には私たちと同じように限界や弱さがあります。友人の愛は決して完全無欠ではありません。けれどもその限界の内にありながら、友人は、神の無限で無条件の愛へと向かう、私たちの旅路の道しるべとなってくれるでしょう。[注56]

ナウエンの人生における最大の精神的危機は、まさにこの友情が引き金となっていた。ともに働く仲間ネイサンとの友情に亀裂が入った時、彼は今まで感じていた安心感を失うこととなった。[注57]同時に、最大の危機とそこからの自立のプロセスにおいて、友情についてのナウエン自身の理解の深まりがあった。ナウエンは友情から出発して、通るべき孤独を体験し、依存しない自立した友情に開かれていった。それは決してたやすいプロセスではなかった。それについて次のように述べている。

こうして私は、いままでとは異なる第二の孤独と言えるもの、すなわち、コミュニティの中での、キリストと共にある孤独へと導かれた。この第二の孤独は、身体的・感情的疎外から生じる孤独感よりはるかに苦しい。なぜならこの孤独は、人の成熟を妨げる石として除かれるべきものではなく、むしろ、イエスに終わりまで従う道筋で、じっと抱《いだ》いて行かねばならないものだからだ。（中略）デイブレイクでの私の生活は、ますますこの第二の孤独へ導き入れられるものとなった。（中略）それは、たとえ必死にすがりついたとしても、どんな特別な友人であっても解き放つことのできない孤独である。それは、神の存在がもはや感じられなくとも、あえてその腕の中に身を完全に投じることを求められる孤独であり、私の存在すべてを無と思えるものに賭ける冒険でもあった。それはまさにキリストの孤独であった。[注58]

この孤独こそが、イエスとの友情を深めた何よりの証しとなった。人間が埋めることのできないつながりへの渇きを、神との交わりへと昇華する新たな生き方の提示である。しかしながら、ナウエンは友情が単に一過性のものに過ぎないとは決して言わない。それどころか、深い友情の経験なくして神との関係に行き着くことは難しいと言っている。すなわち、神のことだけを考えていればよいといった味気のない信仰を勧めるのではない。彼自身どれほど多くの人たちとの友情や交わりの中で神との出会いを経験していったかは、その著作からも明らかだ。ナウエンにとって、友情は神からの贈り物にほかならなかった。しかし、その友情は自己完結的なものではなく、あくまでも神の交わりへと、また愛されている者としての本当の自分との出会いへと導くものだった。

ヨハネ福音書に「友のために自分の命を捨てること、これ以上に大きな愛はない」とある。イエスが自らの死を目前に控えての言葉である。友としていのちを捨てることが最も偉大な業であることを彼自身が今成し遂げようとしていた。また、マタイ福音書に「わが神、わが神、なぜわたしをお見捨てになったのですか」と十字架で苦しみ叫ぶイエスが描かれている。イエスに英雄気取りは微塵もない。あるのは御父への従順と死への恐れ、そして人間への愛だけだった。

イエスの感じた深い孤独感と、神と人への愛は、ナウエンが感じていたことではなかっただろうか。ナウエンも自己の弱さを包み隠すことはしない。生涯、牧者としての人生を生き抜いたナウエンにとって、友のためにいのちを捨てたイエスの選択はどれほど大きな意味を持っていたのかを想像するのは難しくない。

第四章　ナウエンの霊性の神学的・人間学的考察

これまで、ヘンリ・ナウエンの霊性の特徴を紹介してきた。ここでは、彼の霊性の神学的並びに人間学的考察を行いたい。

ナウエンの文脈に限らず、神が受肉し、人間となったことを信じるキリスト教信仰においては、神学（テオロジア）は、人間学（アントロポロジア）と切り離すことはできない。特に霊性という分野においては、人間が被造物としての限界と脆さを持ちながらも、信仰の具体的な表明として、「神を賛美し、敬い、仕えること」（イグナチオ・デ・ロヨラ『霊操』23「原理と基礎」より）が何よりも大切な務めとなる。ナウエンは、人間としての弱さと傷を抱えながら、イエス・キリストを見つめ、追い求め、分かち合った信仰者なのである。このように、ナウエンの霊性には、キリスト教神学とキリスト教人間学の本質を垣間見ることができる。

満たされないことへの葛藤

ナウエンの霊性の総括的な特徴として「満たされないことへの葛藤」が挙げられる。すなわち、神の関わりを無視しては、他人にどれほど愛を要求したところで、満たされない愛の渇きが残り、他人との一体感を求めても分裂に終わるのである。

しかし、これを否定的人間観と捉えたり、あるいは信仰の悲観と見たりするのではなく、ここにこそ彼の霊性の真骨頂があると見ることはできないだろうか。また彼のメッセージが現代社会で広く読まれているのは、今、多くの人が「満たされないことへの葛藤」を生きているからだろう。神学者ロナルド・ロールハイザーによると、この世界は「まだ完成されていない（Inconsummation）」状態にあり、その中にあって人は「完成（Full consummation）」への欲求を意識、無意識を問わず抱えて生きている。すべての人が何らかの形で欲求不満（Frustration）を持っているのだ。この欲求不満は、来るべき新しい天と地を望む私たちの信仰と無関係ではない。

ナウエンが感じ、また私たちが生きている、このこころの底からの深い渇きを神学と人間学の観点から考察してみたい。ナウエンは司祭として一生を独身で、貞潔に生き抜いた人だった。「人間とは、いかなる時も大いに性的な存在である」[注59]というユージン・ケネディーの言葉を借りるならば、人間の愛に執着したナウエンは独身者としての「欲求不満」の中でどう葛藤し、生きていたのだろうかということにもつながる。性的な交わり（これもconsummationという）を持たない彼が、預言者としてこの来るべき新しい世界を自身の苦悶から語ったのである。

神学的にいうならば、私たちの住む世界は今、キリストの復活と来るべき世の完成（終末）との間にある。神の約束は、いつの日か私たちの目から涙が拭い去られるその時に確信となる。私たちはその間にあって、喜びと苦しみを繰り返している。しかし、その悲しみが本当の喜びに変わることを信じる時、神の来るべき世をつくり上げることに力を込めることができる。

この世で達しきれない欲求を諦めるのではなく、未来の約束に照らされて未完成を生きることが求められている。時間的な制約の中でのフラストレーションを受けることもあるが、いつの日か喜びに満たされる時が訪れることを願って、未完成を生きるのだ。しかしそれは、夢物語のようなロマンチックな情感で終末を待ちわびるということではない。ナウエンは決して、そのようなことを言ってはいない。未完成を生きることは、より現実的な選択であり、終末への期待に生きる人間の信念といえる。特にロールハイザーの考察にヒントを得て、これからナウエンの霊性を分析していきたい。

未完の欲求を生き抜く

多くの場合、未完の状態にある人は、満たしきれない寂しさや空白を他人の愛情や賞賛、そして達成感で埋めようとする。これがナウエンの葛藤の中心であったことは、今までの考察の中ではっきりしてきた。居場所を求めてさまよう落ち着きのないこころは現代人の特徴ともいえる。現代人が自己の落ち着きのなさを自分の外側で解決しようとすると、その飢えと渇きはさらに深い痛みになるだけだ。

ナウエンはこのだれでも持っている「痛み」をこころのざわつきとして処理するのではなく、静けさの中で自分自身を見失わないで生き抜く「強さ」へと変えることを訴えている。それが彼のいうところの、神とともに一人になる（Solitude）ことである。ロールハイザーはこのナウエンの行き着いた内的静けさを、四つの段階に置き換えて説明している。[注60]

1　自分の痛みと未完成を所有すること。すなわち、この生きている世界で私たちが完全な交わりを持つことは無理であることを認めることである。そうして、自分の内にある飢えと渇きをむなしい完成への憧れに向けるのではなく、別の事柄に目を向けることが要求される。それを認め、受け入れるまで私たちは内的静けさ（Solitude）を手に入れることはできない。

2　偽りのメシア待望を捨てること。次に私たちに求められるのは、間違ったメシアへの期待感と要求を切り捨てることである。すなわち、いつの日か、どこかで、だれか最良の人と、最高の機会に出会うことができ、そうすれば完全な幸せを得ることができると思い込むことを止めることである。そうして、私たちは配偶者、家族、友人、そして仕事に対しても神のみが与えることのできる、汚点なき純粋な喜びを要求することを止めるのである。

3　こころの奥に入り込むこと。私たちは落ち着きなく感じる時、そのうずきを取り去るために何かの活動に没頭したりすることがある。しかし、実際はその反対にこころの内側に入り込まないと内的静けさ（Solitude）を得ることはできない。やむことのない痛みを静けさに変えるとは、時の幅に耐える――すなわち、時の流れの中で生起する出来事に誠実に対応していく――ことを通して、不安を安心に変え、緊張を自由に、短気を根気に、自己陶酔を思いやりに、こころの痛みを共感に変えることなのである。

4

これは一度きりのものではない。一度の試みで私たちが変わることができるわけではない。痛みを抱えたままの人間と静けさを見つけた人間に分けることなどできない。それよりも、これは別々の感情の様式（モード）といえる。すなわち、ある日は他の日よりも落ち着きを感じているが、別の日はそうではないとか、ある日は一人でいることが辛く感じるが、別の日はこころの静けさを保つことができるなど、こころの状態は変化するものだということを忘れてはいけない。

以上のように、未完の欲求を生き抜くことは絶えざる選択の結果である。ナウエンもその人生のうちに幾度となく選択を迫られた。選択次第で、未完を憂鬱で不機嫌な経験として終わらせることも、また豊かな実りの始まりに変えることもできる。ナウエンのめざした選択の基準は、常にイエスの選択であった。ここに人間学と神学の接点が生じる。

イエスの選択——未完の欲求の実り

未完の痛みを負っている私たちキリスト者にとり、イエスに眼差しを向けることは大いに助けになる。ナウエンも「わたしの真の霊的働きは、十分に完全にわたし自身が〔イエスに〕愛されること、その愛のなかでわたしの召命が成就に導かれるのを信じることだ[注61]」と言っている。イエスの愛の貫き方、また人間としてご自分の性をも受肉された生き方から学ぶことは多い。

ロールハイザーは次のように尋ねる。「イエスは性的な存在（sexual being）として受肉することによって、何を示そうとされたのだろうか[注62]」。イエスは他の方法がある中で独身を選ぶことによって、愛と性的交わりはいつも同一線上のことではないということ、そして、貞潔、待つこと、未完ということが私たちの生きているこの「中間の時代」にあって意味ある役割があることを告げている。突き詰めて言うならば、私たちはすべての人と抱き合うよう招かれている。しかしイエスの独身には別の目的もあり、それは貧しい人々との連帯ということであるとロールハイザーは付け加える。[注63]

イエスは自ら選んで貧しくなった人々とではなく、貧しくさせられた人々との連帯を生きられた。イエスの独身とは、まさにそうしたものであった。ナウエンの生きた独身もそうしたものではなかっただろうか。独身であることは神の定めた孤独の中で生きることだ。ナウエンは愛情の中で苦しんだ。だれにも相手にされないことへの過度の恐れが彼を苦しめた。彼が本当の愛の交わりを体験したのは、ラルシュにおける「心の貧しい」人々との生活においてであった。

私たち人間は、だれしも「未完の部分」を持っている。だれも完全に満たされて生きる人はいない。だからこそ、人間は飽くなき欲求を持ちながら、前進するとも言える。しかし、人生において、満たされることがすべてではないことが、イエスの生き方から、そしてナウエンの生き方からわかる。未完であることは、恥ずべきことではなく、トマス・アクイナスの言葉を借りれば「神のために空けた場」(a vacancy for God)とも呼べるものではないだろうか。それは、「私を超えた存在に明け渡している空間」であり、人間が目先のことや欲求で埋める必要はない場なのである。

独身、既婚を問わず、私たちは未完の部分でこそ、イエスのように人々との連帯を体験することができる。ナウエンはそれを生き、伝えた人であった。

ナウエンとキリスト

ナウエンの霊性の根源である、キリストとの関係を二つの側面から見つめたい。

初めは「先生」としてのキリストとの関わりである。福音書（マタイ19・16以下）に金持ちの青年の話が出てくる。誠実な一人の若者が永遠のいのちを求め、キリストを師と仰ぎ、その方法を尋ねる。律法の教えに沿った生き方は十二分に知って、実践している彼は、自分に何か欠けている気がしてならない。そこでイエスに食い下がって聞くと、イエスは、持ち物を売って貧しい人に施し、自分に従うように告げる。それを聞いてこの青年は悲しみをたたえて立ち去っていく。それは、彼が金持ちであったからだと福音書は書き残している。

これは清貧に生きよという単純な話ではなく、人それぞれの一番痛いところ、すなわちその人が握りしめた手を放すことができない、言ってみれば、最後までこだわって葛藤していることを指しているように思う。それを手放した時、私たちは本当の意味で他者に向かうことができるのだ。そして、その時に、より確かに永遠のいのちを獲得する方法、すなわち、キリストに従うという生き方が始まることを、イエスは伝えている。キリストに従うことは、こころの葛藤を感じる自分を見つめ、そのとらわれから自由になろうと格闘することとそのものなのである。

ナウエンの歩みを辿っていくと、自分の弱さに気づき、時にその重みに耐えかねて痛みに苦しみながらも、それでもキリストの後をついて行きたいと食い下がるナウエンの姿が、見えるような気がする。彼は葛藤を抱え続けながら、その弱さと最後まで取り組みつつ、捧げつつ生きたのだ。彼は悲しみながらも、そこから立ち去ることはなかった。

彼の抱えていた弱さは、人への強い愛着ではなかったか。人への強い愛着と孤独への恐れが彼を苦しめていたことは確かであろう。独りになることへの不安によって握りしめた彼の手は、時に固くなり、緩くなりと変化しつつ、それでもキリストに問いかけながら、その後をついて行こうと必死であったのだ。彼の師であるキリストは、他者への愛情と憐れみと愛着についていて、どのようにバランスをとって生きたのであろうか。ナウエンは、そんなことを、きっとずっと考えていたのだろう。私たちも時に、同じ問いを問わずにはいられないのではないだろうか。

もう一つの関係性は、前述したが（本書九二頁以下参照）、キリストを「友」とすることである。ナウエンは、ヨハネ福音書15章にある「わたしがあなたがたを愛したように、互いに愛し合いなさい」というイエスの掟に信頼を置いた。その愛の証しとして、友のために生きようとし、友のために自分のいのちを捧げようとした。

とはいえ、友として生きることは、決してたやすいことではない。なぜなら、それは親子でもなく、夫婦でもなく、パートナーシップでも、同僚でもない間柄を生きることだからだ。友という物差しは、時に寂しさを感じる一線を自分と相手の間に引くことでもある。自分の中にうずく愛着を覚え、ある種のもの足りなさを感じることもある。

だから、これは彼の背負っていた十字架である「過度の愛着」と切り離せない。その愛着の根本にあるものが自己愛なのか、真摯な他者への愛なのかが、時に問われることになった。心理学者の彼は、自分のこころのうちを見つめることで、また同伴者の助けを借りて、その問いかけに取り組んだ。そして、ナウエンは「わたしはあなたがたを友と呼ぶ」というイエスの語りかけを信じながら、イエスの友としての分際を生きるほかないと考えたのではなかろうか。

友としての生き方には、未完を生きるチャレンジが突きつけられ、中間に生きるたくましさが問われるという意味で、先に述べた「イエスの選択」とつながる。これは、決して自然のなりゆきでも、当たり前のことでもない。あえて、そう生きるということだ。ナウエンは、つまずいたり、泣いたりしながら、その寂しさと足りなさを引き受けていった。ナウエンは、彼の友であるキリストが、友としての生き方を引き受け、それによって豊かな実りをもたらしているとわかっていた。

キリストの復活の証《あか》し人《びと》

キリスト教の本質は、復活にある。キリストが復活を経験しなければ、キリスト教は存在しえなかったともいえるだろう。受難と死を経たキリストが、新しいいのちを受けて救い主となったように、弱虫で、物わかりの悪い弟子たちは、キリストの復活に接し、使徒になっていった。彼らは、後悔と恐れそして混乱の最中にいたが、「恐れるな。わたしがともにいる」という復活したキリストの力強い言葉に信頼し、自己嫌悪と恐怖の底から救い出してもらった。それは、キリストが証ししたように、生きて、死してのち、新しいいのちにつながる希望であった。

「聖金曜日のない、復活はない」という言葉がある。ナウエンの人生を見る時に、そこには聖金曜日の苦しみが何度も出てくるような気がする。それは、私たちとて同じかもしれない。ただ彼の場合、繰り返し陥る弱さや嘆きがあったとしても、不思議なことに、重く垂れ込める暗さがない。彼が繰り返し生きた聖金曜日の苦しみは、復活の日に確実につながっているからではないだろうか。

ナウエンは、痛みや傷など十字架や死を連想させる著述家だと思われるかもしれない。しかし、キリストを最後まで慕った彼が伝えたメッセージを味わうならば、ナウエンが、復活したキリストと出会った復活の証し人であったことがわかる。ナウエンが生きたいわば〈霊的レジリエンス〉――レジリエンスは「困難を乗り越えて回復する力」を意味する――は、復活したキリストに救い出してもらった人間の持つ力を指す。使徒たちが自己嫌悪や恐れから立ち上がっていったように、ナウエンも何度もキリストに出会い、立ち上がった。その度に、彼もまた自己嫌悪の闇に立ち向かっていったのだ。そして、前よりもほんの少しかもしれないが、たくましくなっていった。

ナウエンは、何を伝えたかったのだろう。月並みに聞こえるかもしれないが、彼が深いところから望んだのは、人を幸せにしたいということではなかったか。だから、自分にとらわれ、闇の力に押し潰されそうな時にも、それでもいのちをいっぱいに生きていると語り続けた。後悔の中にいて自信を失っている人に向けて、ナウエンは自分の生き方を通して、「神はあなたを責めないよ、愛しているよ」と語りかけようとした。

彼が伝えたかったのは、復活した主の力そのものである。死のように底をついた体験は、新たないのちへの入り口なのだ。ナウエンは、そんな語りを通して、私たちを幸せにしたかったのだと思う。だから、彼は書き、語り続けた。自分のとらわれも、弱さも失敗も分かち合い、こんな自分だからこそ神の愛が力強く働いたと伝えたかったのである。

第五章　傷ついた癒やし人――ヘンリ・ナウエン

傷ついた癒やし人

　ここまで考えてきたことを踏まえて、ナウエンのメッセージをまとめるのが本章の役割である。まず、彼のメッセージの中心とも言える「傷ついた癒やし人」について考えてみたい。

　この言葉の理解を深めるために、スイスでC・G・ユング研究所所長を務め、ユング派分析家として活躍したグッゲンビュール＝クレイグの考えを参考にしよう。グッゲンビュール＝クレイグは「傷ついた医者」という表現を使う。これは、「病者の中に医者がいるだけではなく、医者の中にも患者が存在している」という事実を表す言葉である。彼は、この医者―患者という対極性を維持するのは容易なことではなく、分裂も起こりうると言う。しかし一方の極を抑圧してしまうと、医者は「傷を持たない医者」として全能感を持った単なる治癒者になり、患者は全く医者に任せっきりの無力な患者のままとなる。だからこれを再び結び合わせる努力を、両者ともにしなければいけない。[注64]

彼は次のように言う。「傷ついた医者というイメージは、健康な医者の反対の極としての急激な苦痛に満ちた病気の意識を象徴しているのであり、彼自身の身体や精神が崩壊していくという、持続的な苦痛に満ちた確信を象徴しているのである。この種の体験をすることによって、医者は患者の主人になるのではなく、すべての病者の同胞になる」[注65]。

医者には痛む体験が重要であるというグッゲンビュール＝クレイグの言葉は、ナウエンの思想に通じている。ナウエンは、時には神経症気味と言えるほどに自分の中に痛みを感じ、抱えている傷を意識していた。ナウエンは、自分の脆さを嫌と言うほど知っていたので、同じように苦しんでいる人や、まだ十分に言語化できないうめきを抱えている人の「同胞」となろうとした。

この「傷ついた癒やし人」の最たるイメージはイエス・キリストである。興味深いことにグッゲンビュール＝クレイグも、キリストを傷ついた癒やし人のモデルとしているので、その部分を紹介したい。非常に端的に綴られている。

一体キリスト以外の誰に、これほどよく「傷ついた治療者」を見ることができるであろうか。彼は単に身体的なレベルでの病気の治療者であったばかりではなくて、罪と死から逃れられぬ人間の実存的な病を癒す治療者だった。

イエス・キリストは傷つけられ、人間の罪をその身に負っている。彼は罪と死の世界を癒すためにきたのであり、そのために、すべての罪を担って十字架の上で死んだのである。そして、彼は彼の父なる神がいかに力ある神であるかを知っていたにもかかわらず、どのような力をも使うことを拒んだのである。このようにキリストは一番高次の意味での「傷ついた治療者」であり、十字架上での死によって世界を罪と死から癒したのである。彼は罪と死を自分で引き受けることによって世界を癒したのであり、それを避けることとか、それから身を遠ざけておくことによって世界を癒したのではない。[注66]

ナウエンが、この「一番高次の意味での『傷ついた治療者』」であるキリストを見つめ、めざしたことは明らかである。

キリストが生涯をかけて伝えた福音は、キリスト自身のいのちの代価によって人間の救いとなった。キリスト自身が貧しく、小さな者となり、あらゆる不便さを味わった。そして当時の指導者たちの憎悪を買い、人々から誤解と中傷を受け、多大な精神的苦しみと肉体的苦しみをも受けて、ひとり十字架の上で亡くなられた。神は人間のところに降りてこなくても、上から人間に命令をすることもできたかもしれないが、あえて神は受肉された。それは、人間の苦痛と苦悩に神ご自身が参与することを望まれたからだ。その参与こそが人間に救いをもたらすものとなり、神の栄光はそこで大いに発揮される。

ナウエンの人生と霊性を振り返る時、この出来事を強く思い返さずにはいられない。それは傷を負いながら、傷ついた多くの人とともに生きた人生であった。特にラルシュ共同体の障がい者との生活において、彼らは互いに「傷ついた癒やし人」になっていった。彼らのこころは傷ついたイエス・キリストにおいて一つになったのである。今まで見捨てられ、だれもその意味を尋ねようとしなかった傷に、希望を読み取ったのだった。苦しい現実から逃れようとしている人々や、苦しい現実に打ちのめされている人々に対して、ナウエンは癒やしと希望の言葉を訴えかけたのだ。

ナウエンは単に自分の苦しみをひけらかす霊的露出症（spiritual exhibitionism）ではない。

感傷的にお互いの傷をなめ合う相手を求めているのでもなければ、安っぽい同情を示しているのでもない。ナウエンは著書『傷ついた癒やし人』の中で、次のように述べている。

これ〔自分の傷を癒やしの源として他者に差し出すこと〕は非常に厳しい呼びかけである。なぜなら、信仰共同体の形成に携わっている牧会者にとって、孤独は痛みに満ちた傷にほかならず、否定し無視したくなるからだ。しかしいったん痛みを受け入れ、理解したなら、もはや孤独を否定する必要はなくなる。そしてミニストリーは、癒やしをもたらす奉仕となることができる。（中略）自分の傷を癒やしの源とすることは、表層的な個人の痛みを他者と分かちあうことを求めるのではない。自分自身の痛みと苦しみを、私たちすべてが共有する人間の状態の深みから湧き上がってくるものとして、常に自らすすんで認めることを求めているのだ。[注67]

この記述から二〇年以上の歳月が流れ、円熟したナウエンは、今度は癒やしの源に注目しながら、癒やす人と癒やしが必要な人の間の相互関係についてこう言っている。

癒やす人は、自分自身よりもずっと偉大な癒やしの力の仲介者となるために、すべての生命と癒やしの源であるものと一致していなければならない。癒やしを求める人は、癒やしてくれる人が癒やしの力の仲介者であることを信じて、自分を任せなければならない。癒やす人の謙遜と病む人の信頼が、癒やしの成就には欠かせない。[注68]

癒やし人となった者は患部を取り除く外科医のようでなく、苦痛の根源を見つめ、わかり合えるレベルまで苦痛を深めようとする。その時、ごまかしの救いの概念は消え、本来的な救いへの希望を共有する交わりが生まれる。ナウエンの人生はまさにそうした交わりの連続であり、彼の著作は救いへの希望を生み、読み継がれている。

しかし彼自身は、著作で語っているような調和の取れた実生活を送ることはできなかった。不協和音から生ずる緊張が、彼の実生活の中に色濃く存在したことも事実だ。そんな自分の中にうずく痛みをナウエンはしっかり感じ取った。そこから逃げることもできたし、それを否定し、抑圧してしまうことも可能であっただろう。だが彼はそうはせずに、自分の痛みに留まりつつ、神に問いつつ、それを捧げた。それがナウエンのありようであり、私たちが彼との接点を持つことができる所以でもある。私たちの生活は、決して何事も起きない平穏無事な日常ではないし、私たちの外でも、内でもいろいろな動きがあるものだ。そこで受ける傷を通して、私たちはナウエンに出会う。

ナウエンは、霊的生活の達人ではなく、私たちと同じ迷いや矛盾を背負いながら生きている。だからこそ私たちは彼の痛みを、自分も経験した苦痛として理解することができる。しかしナウエンのような霊的な意味での「癒やし人」は、常に他者に必要とされるわけではないし、他者とのつながりをいつも実感できるわけでもない。ナウエンは、その現実を常に痛みを持って感じていたのだと思う。この種の「癒やし人」は孤独に耐えながら、神の存在を求め、神との出会いを見出さなければいけない。

この点についてナウエンは、ジェネシー修道院でジョン・ユードから次のように聞いた。

孤独というのは、誰も自分のことを考えてくれないと分かったときに一番苦しくなるものだということについて話しました。このような孤独のときこそ、いつも自分でいっぱいになっている頭と心の中に神が入り込む余地ができるでしょう。[注69]

傷ついた癒やし人とは、自分の痛みの中に入り込んでくる神と出会いながら、その神に促されて他者に向かうことをやめない人なのだ。ジョン・ユードは次のようにも言っていた。

孤独に深く入れば入るほど、人との交わりの可能性が高まります。神が一人ひとりを、人間を超えた神の世界へ招いていることを認識すればするほど、人と親しく関わる能力が増します。あなたが関わっている一人ひとりが全てを超える永遠の交わりへと呼ばれていると悟らない限り、どうしてあなたの中心から相手の中心へと親しく関わることができるでしょうか。[注70]

この言葉をジェネシー修道院で聞いた時から、ナウエンの霊的遍歴が始まり、彼はこの教えを生き抜いた。

今私自身、こうしてナウエンの人生とその霊性を見つめながら思うことは、彼の経験を自分の経験の中に見つけることができるということだ。時と場所を越えて、彼とのある種の霊的なつながりと親しさを感じる。そして、ナウエンの残した作品のさまざまな箇所に散らばっている彼の痛みや彼が受けた助言、彼の失敗、彼の慰めが、それを読む私自身のこころの奥から聴こえてくる不思議な体験をする。「こうやって、こんな悩みや迷いを感じてきたのは、自分一人ではないのだな、ナウエンも同じような気持ちを抱えていたのだな」と思える。やはり、ナウエンのメッセージの最大の魅力は、ここに尽きると思う。ナウエンは、いつでも私たちとこうやって親しく関わってくれている。

ナウエンとセクシュアリティ

「傷ついた癒やし人」となることを求めたナウエン。その傷について改めて考えよう。今でこそ、LGBTという言葉が広く知られるようになっている。とはいえ、本当に社会の中でそのあり方と生き方が理解され、受け入れられているかといえば、まだ途上であるとしかいえない。カトリック教会の中では、LGBTの人々に理解を示し、寄り添おうとする教皇フランシスコが新しい地平を開いている。しかし他方で、いまだ旧態依然の捉え方が根強くある。社会と同様に教会でも、ジェンダーという課題が十分に意識され、理解されてはいないし、男性優位の社会観とマチズモ（男性優位主義）が、カトリック教会の中にもある。ナウエンの生きていた二十世紀には、その傾向は今よりも強かった。ナウエンは、信頼する人の勧めがあったのか、はたまた自分自身でその時にあらずと判断したのか、自らのセクシュアリティについて、明言したことはない。

とはいえ、先にも述べたが（本書七一頁参照）、彼に同性愛的傾向があることは、彼の人生を読み解いていくならば、自然と浮かび上がってくる。それを否定したり、目をつむったりしても意味はない。それどころか、そうしたセクシュアリティのもたらす混乱や苦しみは、ナウエンの霊性に独特の輝きをもたらした。セクシュアリティを前面に出さなかったのは、当時のカトリック教会の中にあった偏見や誤解によって、本来伝えたい霊的なメッセージが、別の関心から見られるのを避けるためだったのかもしれない。

しかしながら、ナウエンのメッセージとセクシュアリティというテーマを切り離すことはできない気がする。近代心理学の祖フロイトは、人間にはリビドーという性的エネルギーがあると考えた。人間を過剰に性的な枠組みに当てはめる必要はないが、それでも、私たちはみんな「性的」な存在である。そうであるならば、それを否定して生きていくことはできないのだ。

だから、ナウエンの霊性もセクシュアリティと無関係ではない。セクシュアリティは、狭義の性行為だけに限定されない、広く深い概念である。人間が生きる上で感じる、例えば、人恋しさや寂しさ、そしてだれかとつながりたい、分かち合いたい、さらには独占したいという望みもまた、セクシュアリティの基本的な要素である。男性性や女性性、そして多様な性のあり方という人間の特性もまた、セクシュアリティの大切なテーマである。そして、それはキリスト教の信仰生活の大切なテーマなのである。

人は、死をもって最後にそのいのちを捧げ切るまで、「性的」な存在であることを忘れてはいけない。ナウエンが傷つき、痛みを感じた体験は、その意味でとても「性的」な意味合いを持っていることは理解するべきだろうと思う。

ナウエンは亡くなる四年前の一九九二年、ＢＢＣのインタビューで「性についてもっとはっきり書きたい」と表明した。出版計画も立てていたという。[注71] 思いのほか早く訪れた死によって、その作品が実現しなかったことが残念だ。

ナウエンのパラドックス

ナウエンの傷はパラドックスという視点から捉えることもできる。

彼はパラドックスを抱えて生きた。それは、本人が伝えようと努力してきた福音のメッセージと、彼自身が生きている現実との間にあるギャップである。

神の愛についてあれほど熱弁をふるい、友情の大切さを説いてきた彼は、感情的な脆さを背負って一生を過ごした。彼は神の愛をこころの底から信じていた。しかし同時に、彼を知る多くの人が気づいていたように、彼は人間の愛に渇いていた。神の恵みで人間が充分なことを知っていたが、足りなさを人からの愛情と賞賛で埋めようとした。自分一人の力で立ち上がることに恐れを抱いていたが、神と友の助けがあることを心底から信じていた。孤独の中で悶えていたが、そこに、確かに神の同伴があることを感じていた。

矛盾を背負いながら、その矛盾をあくまでも真摯に生きていた。彼は「ときどき、こんな感情的なもろさを持っていて、この先どうやって生きていったらいいのだろう、と考えてしまう」[注72]と本音を言っている。しかし、彼は「傷について『考えつづける』ことではなく、それをそのまま『生きる』ことである。（中略）傷を負ったまま生きてゆくのだ」[注73]とも言っている。彼は傷を負って生きることにしり込みしなかった。

ナウエンが自分自身の矛盾に苦しんだのは事実だが、しかし、彼はその溝に足をとられて終わることはなかった。彼は、彼特有のパラドックスを生きた人だった。そうしたパラドックスこそが、彼の傷になり、その傷の痛みは痛みを抱えている多くの人の共感を生んだといえる。彼の痛みの経験と癒やしの経験は他の人の癒やしにつながるのだ。

彼の著作の多くが、個人的なメモから始まっている。彼はその始めから読者向けに本を書くということは、ほとんどしていない。それは自分にあてた励ましであり、自分の弱さの吐露であった。彼はその生き方や著作において、友や読者を勇気づけ、その霊的歩みを助けていると思われていたが、彼自身がある人に語った次の言葉は印象深い。「あなたは私が有名であり、あなたの霊的生活を助けるのに私が必要であると思っているかもしれないが、しかし、本当を言えば、私にはあなたの方がもっと必要なのだ[注74]」。

ナウエンには彼の悩みを分かち合う友が必要であり、彼の考えを読み、共感する読者が必要だった。現代人もパラドックスの渦中にいるのではないだろうか。だから、個と個の間で、個と組織の間で閉塞状態にある現代人が、ナウエンの呼びかける輪の中に居場所と救いを見出したのも当然のことかもしれない。なぜなら、人はナウエンから拒まれることがないからだ。読者は本を通して、ナウエンと彼の友人の中で起こったいのちへの再生のプロセスを読み、同じことが読者自身の人生にも起こりうることを知るのである。

ナウエンは、孤独（自立といってもいい）と関わりという一見相対するあり方が、実は、他者と深く豊かな関係性を結んでいる時に並立しうることにも、次第に気づいていった。

つまり、一人になれるようになると、自由で、より深い関わりを生きられるようになるのである。人は一人になることに不安を感じるものである。それは至極自然な感情だ。だから、だれかの存在や支えを必要と感じ、そこにつながりや関わりが育まれる。しかし、それは一人になれないということではない。つながりの中でも自立できることを、ナウエンは時間をかけ、時に孤独の不安に震えながらも、見出していった。

人生は単純ではない。私たちの人生もまたパラドックスに満ちている。私たちは、人生が複雑で、思うようにいくものではないことを、嫌というほど知らされてきた。それなのにまだ、学ばないといけないことがたくさんあり、自分もなお変わっていかなければならない。別の言い方で言えば、成長への可能性は最後まで続く。苦しさが、傷つくことが、人間を成長させるともいえる。しかし、傷つけばいいという意味ではなく、そこに必要な癒やしと慰めが働かないといけない。

そんな人生を生きた一人のカトリック司祭が、人生のパラドックスを赤裸々に語った。理想を語るのではなく、現実、それもこころの中の生きている現実を語った。ナウエンは、ある意味、型にはまらない司祭であった。しかし、全くその型を無視したわけではなく、教会の伝統や習慣を大切にしながら生きたと思う。それだけに、苦しみも多かったのだろう。私たちはナウエンに励まされ、ナウエンの人生に学びながら、自分の人生のパラドックスを生きることができる。

ナウエンと霊的同伴

傷つきながら自分の人生を作り上げていったナウエン。しかしそれは孤独な道のりではなかった。ナウエンは自分一人の力でひらめきを得たり、行く道が示されたりしたわけではない。他者との関わりの中で苦しんだ彼は、また常に他者と対話し、同伴される中で自分のあり方を見つめ、こころの動きを話し、助けを得た。

彼自身、心理学を専門とすることから、カウンセリングやセラピーの重要性をだれよりもよく知っていたし、さらにそうしたことが何か特別な、または特異なことであるとは全く考えていなかった。むしろ、人間が生きる上で、だれかに指導を仰いだり、同伴してもらったりすることは、不可欠だと考えていた。第一、キリスト教の中でそうした営みは、スピリチュアル・ディレクション——日本語では「霊的指導」「霊的同伴」——と呼ばれ、古くから行われてきた。そうした長い伝統に基づきつつ、現代的な心理学の知見と霊性の実践を組み合わせたサイコスピリチュアルな同伴が、特に欧米では、ナウエンがアメリカに来たころから徐々に始まっていた。

ここでは、ナウエンとジェネシー修道院のジョン・ユード神父との関わりを見ながら、彼から受けた霊的同伴の恵みと重要性について紹介したい。ジョン・ユードは、トラピスト会に入る前から精神科医であり、ケンタッキー州にあるゲッセマニ大修道院で養成者としてのトマス・マートンから薫陶を受けた一人である。ジョン・ユードはまずゲッセマニでナウエンに出会い、十年ほど経ってジェネシーで再会する。ナウエンと再会した時、ジョン・ユードはジェネシー修道院の院長になっていた。

ここではまず、最初の出会いの部分を引用したい。それは、ナウエンが初めてゲッセマニ大修道院を訪れた時のことであった。

客室係が目を輝かせていました。「私たちトラピスト修道会にも心理学者がいるんですよ！　あなたと話をするように頼んでみましょう。」しばらくしてジョン・ユード・バンベガー神父が客室に入ってきました。話し始めてすぐに、この人はまれな人物で、頼りになる人だと分かりました。ジョン・ユードは興味深く、細心の注意を払って私の話を聞いてくれたばかりでなく、強い確信とはっきりしたビジョンを持って聞いてくれました。（中略）私が感じていることや、考えていることを自由に言わせてくれるのですが、自分の意見もはっきりと述べることを躊躇しませんでした。私の選択や、決定について十分話をし、考える余地を与えてくれながらも、一つの選択と決定の方が、ほかよりももっと良いのではないかとはっきり指摘してくれました。自分で道を探す自由を与えてくれながらも、正しい方向を示す道標を示してくれました。この会話を通して、（中略）この人がまさに私の一番必要としている人だと分かるまでにはあまり時間はかかりませんでした。[注75]

こうしてナウエンは、彼の人生においてかけがえのない霊的指導者を得たのである。彼は定期的にジョン・ユードとの面談をしていくことになる。ある時は、司祭や修道者に霊的指導が欠かせないことを、ジョン・ユードが説いた。

誰でも基本的欲求があり、それを満たす望みと必要があっても、修道生活では（中略）普通の手段は得られないから本能的に反応するようになるんです。（中略）ある意味で精神的にバランスが崩れ、退行するかもしれないが、その時こそ霊的なものを求め、祈りと苦行の生活を築く可能性があるんです。でもとても微妙なもので自我中心的没我に陥る危険性もあって、それを防ぐためにはどうしても霊的指導が必要なんです。[注76]

精神科医であるジョン・ユード神父は、人間のこころの中にあるさまざまな動きと矛盾を、決してモラルの観点から戒めたり、否定したりすることはなかった。それどころか、時にはナウエンの語りの心理的意味に注目したり、言葉にならないうずき――感情だけで片付けられない、より深いこころの層にある何か――を見つめるように促したりした。そうして、こころの奥底にいる神と出会う黙想へと導いた。その黙想はたやすいものではないことを、ナウエンは次のように言っている。

黙想の中でこそ、いかに自分と人を比較する葛藤の犠牲者になってしまっているか、そして人の意見に自分の魂を売ってしまったかを痛いほどよくわかるようになるからです。しかし、この自覚の痛みを避けるのではなく、錯覚していた部分をはぎ取り、結局は自分の存在の根底にある神への依存を経験することによって、日常生活の中で自分を振り回している煩悩を取り除くことができ、自由になれるかもしれないのです。[注77]

霊的同伴の体験の醍醐味は、まさにここにあると言ってもいい。ジョン・ユードはナウエンの話に真摯に耳を傾けながら、それらを頭ごなしに否定はせずに、祈りの中でなすべき「仕事」（次頁の引用を参照）があることを示していった。霊的指導や同伴のありがたいことは、このなすべき「仕事」を示してもらえることなのだ。それは、なかなか自分では気づかないか、薄々気づいていても取り組むことを後回しにしてきたものだ。その上で、ジョン・ユードは、霊的生活を生きる上で足かせとなることがあれば、はっきりと間違いを訂正した。

トラピスト会士ジョン・ユードの霊的指導の核は、神との出会いと語らいの時である祈りの時間を忠実に行うことといえるだろう。なぜならば、魂の案内人は「聖霊」であるから、その声を聴くためには、こころのざわつきを抑え、規律を持って祈りの中に身を置くことが必要となる。それは、教区司祭で、多忙なナウエンには相当のチャレンジであったことだろう。ジョン・ユードの勧めは、私たちにも有用であると思うので、ここに載せておく。

始めのうちは、もしかして気が散るかもしれないが、しばらくしているうちに、神の現存の中で静かに座っていることがたやすくなってくることに気づくでしょう。頭がいろいろな心配や思いでいっぱいで気になるなら、自分の集中を助ける詩篇、あるいは聖書からの引用で始めるのもいいでしょう。そうしたら静かな黙想に入るもっとよい準備ができ、忠実に努力し続けるうちにもっと深いレベルの自分を体験するようになるはずです。なぜなら〝重要〟あるいは〝緊急〟なことを何もしてないと思える無駄な一時間の中で、自分の根底にある無力さに直面させられ、他人、あるいは自分の問題を解決し、あるいは世の中を変えることは不可能だと感じさせられます。もしも、そのような経験を避ける代わりに、それをじっと耐え抜くなら、自分のたくさんのプロジェクト、計画そしてやるべき務めがそれほど緊急で重要だと思わなくなり、ふりまわされなくなります。神との対話の時間を邪魔せず、他の適切な時に処理されるようになってくるんだよ。[注78]

今から五〇年ほど前のジョン・ユード神父の指導を見るにつけ、現代の霊的指導や同伴の特徴を押さえているのがわかる。彼は、心理学の基礎をしっかりと踏まえ、人のこころの葛藤に耳を傾けながら、うずく魂の配慮にこころがけ、さらに祈りの中で神と出会えるように、道標としての役割を果たしている。ナウエンは、霊的旅路の歩みの中で、徐々に内面の自由を経験していった。ナウエンの葛藤や痛みは、ある意味終生続いたものだった。しかし、感受性が人一倍強く、繊細で、自我の頼りなさを抱えていた彼が、それでも押しつぶされることなく、人生を生き切れた背景には、霊的指導・同伴という霊的な助けがあり、信頼のおける同伴者たちがいたからといえるだろう。

ナウエンのメッセージに力を得ている私たちも、霊的指導や同伴の有用性を私たちの霊的生活に活かすことを考えてもよいのではないだろうか。[注79]

終章　ナウエンから現代日本に生きる私たちへ

「〔ナウエンは〕思想や宗教に関係なく、人間が何よりも『愛されている存在』であることを伝えた。ナウエンのメッセージは、どこか普遍的メッセージとして受け取られる所以である。そして、彼の霊性とメッセージは、閉塞感が漂う日本社会とそこに生きる人々にこころの揺さぶりを与えてくれるものだとつくづく感じる」

——という文章を、本書の前身である書の末尾に記してから一五年あまりが経った。果たして、日本は、そして世界は、あれから良くなっているのだろうか。

物事を必要以上に悲観する必要はないが、どう贔屓《ひいき》目に見ても、より良くなったと単純には言えない。核兵器廃絶どころか、核使用をちらつかせる戦争や対立は加速している。先進国の足なみが揃わず、顕著な温暖化を伴う気候変動が進む。世界各国で政治的リーダーシップの問題が顕在化し、それに伴い、政治的・社会的そして思想的分断が一層表面化する。SNS上では、ヘイトスピーチやバッシングが増えている。ジェンダー差別や人種差別は以前よりも可視化し、声を上げる人々は増え、多様な性のあり方も受け入れられ始めてはいるが、それでも依然、潜在的な差別意識は手付かずのまま残っている。経済格差は広がる一方で、富裕層と貧困層のギャップが大きく開く。そして、カルト問題の再燃。現代の世界と日本が抱えている問題をあげたらキリがない。

こうした目に見える変化が人間一人ひとりに与える影響も、はかりしれない。豊かさや選択の幅が増している現代でも、有言無言の同調圧力は高まり、失敗を許さない閉塞的な社会となっている。その中で人々はどこか諦めの感覚にとらわれているのかもしれない。

同調圧力は決して、本当の意味での共同体は作らない。周囲の期待に応えなければいけないという同化志向が強まり、自分のユニークなあり方や考え方に自信を持つことがますます難しくなっている。そこで促されるのは偽りの自己形成である。

そうした世界では、「あなたはわたしの愛する子」という神の声に聴きつつ、神と関係を築いていくことは難しい。「あなたはだれとも違うあなただ。だれとも違っていて構わない」という神の声が聴こえる環境は、どのようにしたら実現できるのだろうか。そのために現代のキリスト者が果たす責任は、大きい。

ナウエンのメッセージは、現代日本に漂う「最適解」「最適化」がすべてという態度に対するアンチテーゼになると思う。最適解を至上とする雰囲気は、「傷つき回避至上主義」の結果かもしれない。この社会では、傷つけないこと、傷つかないことが最優先となり、人々に近づくことを恐れ、人々を知ろうとすることに関心が及ばない。葛藤を生き抜くのではなく、葛藤をいかに回避できるかが重要になっていく。そこでは、共同体性が薄れ、最適解を知ったつもりになり、自立という名の孤立が深まる一方だ。しかし人間は、傷つき・傷つけられながらでしか、他者との「ちょうどいい距離」を見出せないのではないだろうか。[注80]この、傷を介して他者とつながるということが、ナウエンの霊性の基軸なのであり、今の日本社会に生きる私たちに彼が語りかけることである。自分の傷に気づくこと、それが他者の痛みに寄り添う入り口に他ならないのである。

かつてセーレン・キルケゴール（一八一三―五五）は、人間の惨めさを、神の前での人間のありようと考え、「自分ではまったく何一つできないということについて人間が完全に得心していること、これが最高のことである」[注81]と言った。人間の「惨めさ」というありようを受け止めることを説いたデンマークの哲学者は、ナウエンと同じく、厳格な宗教的環境の中で育った。二人は哲学と心理学という別の問いの出し方と掘り下げ方をしているが、人間の持つ「無力さ」そして「絶望」という底を打つ体験を、神の前にいる人間という観点から掘り下げたキルケゴールの視点は、現代のナウエンの眼差しに遠くはない気がしている。

とはいえ、この日本に、こうして弱さを誇るキリスト教的な価値観がどのように受けとめられるのだろうか。そこには、どうしてもイエス・キリストの生と死の出来事と記憶を受けとめる体験が必要となるように思う。日本のキリスト者には、その意味で、イエス・キリストの生と死の意味をもっと自らの生き方の中に見出し、他者に問いかけ、分かち合っていく責任がある。

日本にいる私たちは、四方に張り巡らされたシステムの中に組み込まれ、身動きが取りづらくなっているように見える。確かに、その流れに乗ってしまいさえすれば、大きく踏み外すこともなく、失敗も少ないかもしれない。しかし、そこでは、神の子としての自由を意識しづらい。イエスが命をかけて伝えた神の国は、システム化された規範と思考では建設することは到底できない。だからこそ、この日本で、人が、底を打つ体験の中からの再生を体験する時、自らの脆さと惨めさを恥じるのではなく、キリストが共にいてくださること、そしてキリストの生と死の力に与っていることを、キリスト者は恐れなく伝えることが大切になってくるのではないだろうか。この点で、例えば先の東日本大震災で被災し、復興にたずさわったキリスト者の声が、もっとひびきわたることを望む。しかし、そこには、アントロポロジア（人間とは何か）の問いの立て方と考え方に、依然大きな課題が残っている。

いずれにしても、キルケゴールとナウエン、両者の体験と人間観は、キリスト教の信仰に基づく人間論、すなわち〈アントロポロジア〉を語っている。今、世界中で、そして日本にあっても、このキリスト教的なアントロポロジアを掘り下げ、この視座から社会と人間のありようを見つめ直す必要性が増しているように思う。この人間論は、人間がどんなに脆く、矛盾を抱えた存在であったとしても、神のいつくしみに支えられ、神によって愛され、神の国の創設へと招かれ、ともに救いへと導かれる道程を語る。

勝者と強者になることが「すべて」と見なされる社会にあって、自らを無としたキリストに倣って生きることには、計り知れない意味がある。自分の抱えている惨めさと無力さを不安に思ったり、引け目に感じたりするのではない、私たちの信仰に根ざすアントロポロジアを、この日本に住む私たちにもナウエンは分かち合ってくれているのではないだろうか。

おわりに

結局、〈傷ついても愛を信じた人〉とはだれなのか。まず思い浮かぶのは、イエスだ。それも、最後の晩餐のイエスの姿である。イエスは、弟子たちが自分を裏切り、誰一人としてそばに残らずに離れてしまうことを知っていながら、受難を前に最後のひとときを、愛と信頼を交わした彼らと過ごしたいと願った。そこでイエスは、ともにパンを分かち、盃を交わし、自分との友情を忘れないでほしいと伝え、その友愛の契りと自身の奉献を記念した。

彼は自分が孤独のうちに十字架を担いながら、それでもいつか弟子たちは理解してくれること、そして一緒に友愛の交わりをもう一度行うことができることを信じていた。イエスは人のこころが、自由かつ不自由であり、いかに脆いか、そしてそれでも真実の愛によって人は変容しうることを知っていた。イエスは、弟子たちを赦していた。事実、十字架の出来事で散り散りになり、恐れと後悔ゆえに身を隠した弟子たちは、復活したイエスと出会い、再び分かち合い、遂には自ら使徒に変容していった。イエスこそ、傷つきながらも愛を信じた人だった。イエスは、神と人間の愛を信じたゆえに、その愛は実りをもたらしたのだ。そして、弟子たちもその愛を信じたのだ。

ナウエンもそんなイエスと弟子たちに倣ったのだと思う。自分の思うように事は進まず、自分の求めるように関わりが育まれなくても、苦しみながらも、彼は待ち、分かち合った愛を信じた。いつ、どのように、その愛が実を結ぶのかわからずとも、本当に深くだれかを愛するならば、その愛は独自のタイミングで必ず、芽吹き、実を結ぶことを信じていた。それは、自分が成長することであり、人を赦すことでもあった。ナウエンもまた、傷ついても愛を信じた人だった。それが彼の信仰の表明であり、神に愛されている者としての自分を最後まで守り抜いた人の生き方だった。私たちもそうありたいと思う。

本書では、ヘンリ・ナウエンの霊性とその背景にある彼の内面の葛藤について考えてきた。赤裸々に内面の葛藤を告白し、分かち合ったナウエンの霊性を紹介することは、現代に生きる私たちにとり意味があると考えるからだ。

彼は最近盛んに読まれる「セルフ・ヘルプ」関係の心理学者や、自身の神秘体験を綴った著述家のような、即効性のある満足感や安心感をもたらす霊性作家ではない。彼の中心的課題は神との関係、自己との関係、そして他者との関係である。これが、それぞれのバランスを保ちつつも、互いに矛盾しない一つの命題であることを彼は訴えている。この点が、閉塞感に押し込められ、共同体意識の希薄化した現代に生きる私たちに、さまざまなメッセージを送るのだ。それゆえ、読者は自分の人生のストーリーの中で彼のメッセージを読み解くことができるのである。別の言葉で言うならば、彼のメッセージは直接的であり、創造的発想に富んでいるが、読者に無理強いをしない。

敵や仮想敵に対して、恐怖心や憎しみを肥大させ、攻撃される前に攻撃し侵略しようとする。今、私たちの世界では、さまざまな分野においてそうした凄まじい対立と分断が起きている。この世界に対して、関わりの中で生まれ育まれたナウエンの霊性は一つの処方箋になるのではないだろうか。もちろん、対話と和解の道筋は容易なものではなく、その道を行くためには、自分の抱えている脆さや不安と向き合う勇気が必要となる。その勇気が持てない時、他を威圧し、非難し、攻撃へと走る。実際に現在も、分裂や戦争は、臆病で独りよがりな態度から始まっている。

自分に向き合う作業は、一人で行うことはできない。どうしても、ともに歩く仲間や共同体というつながりと場が必要となる。ナウエンは、常にそうした仲間と共同体を求めていた。彼の霊的遍歴は、ジェネシー修道院から始まって、最後の一〇年間には、デイブレイク共同体という棲家《すみか》を見つけ、仲間たちとともに生活した。私たちも、同じようにともに歩く仲間の存在なくしては生きていけない。

この文書を書いている今年（二〇二三年）、奇しくもカトリック教会では、神の民として「ともに歩むこと」を掲げ、これからの教会の選ぶべき方向性をはっきりと示すべく「シノドス」（世界代表者会議）が開かれる。史上初のあり方として、聖職者のみならず、世界各地より信徒の大学生も含む老若男女が代表者として参加し、交わり、祈り、対話し、識別する場をつくりあげている。これは、教皇フランシスコの目指す、だれも取りこぼさず、「すべての人」（スペイン語で"Todos"）を迎え入れ、ともに歩く決意表明であり、カトリック教会は、ある意味、第二バチカン公会議以来の新しい幕開けの段階に入ったと言えよう。そこに示されるのは、知性とこころを開き、教会の息吹である聖霊の導きに委ねていく「旅する教会」の姿そのものである。

ナウエンは、第二バチカン公会議に若かりし頃に触れ、その息吹を受け、新しい関わりと考え方を選んだ。彼の歩みと霊性にとって、第二バチカン公会議の影響は計り知れない。オランダの一教区司祭が、王道の神学ではなく心理学を踏み台に据え、さらに海を渡り、伝統的キリスト教の中心地ヨーロッパから新世界アメリカへやって来た。そして地域の教会で働くのではなく、さまざまな宗教や思想的背景を持つ若者の集う大学を自分の「福音宣教」の場にして、限りない神の愛と、弱いながらも人間が精一杯になす応答について、考えを分かち合ったのだ。今の教会を見て、ナウエンだったら、どんなことをするだろうか。どんなことを分かち合おうとするだろうか。彼は、教会であれ、家族であれ、仲間であれ、「共同体」の重要性を彼独特の大きな身振り手振りで強調するに違いない。ナウエンは、独りではなく、皆で歩む信仰をだれよりも意識し、求め、伝えた人だった。

その共同体は、傷をなめ合ったり、依存し合ったり、都合のいいことしか言わない関係性ではない。ジェネシー修道院でジョン・ユードがはっきりとナウエンの抱えている矛盾を指摘したり、行く道を示したりしたように、デイブレイク共同体で、ネイサンがナウエンにはっきりと関わりの限界を伝え、新たな関わりのあり方を探ったように、そこは、決してすべてに満たされた楽園ではない。それでも、互いに真摯に伝え合うことができる信頼と愛情に満ちている。それが共同体なのだ。ナウエンは、そんな関わりの希望に満ちた可能性を伝え、人が人間的にも、霊的にも成長していけることを教えてくれた。

ナウエンに関するこの小さな分かち合いを通して、読者の皆さまに、人はどんな状況にあっても成長し、神の子として変容できるという希望を感じていただけたら幸いである。そして、近くにいる人、遠くにいる人とのつながりを大切にし、支え合い、成長していける共同体を作るきっかけになればと思う。

本書は二〇〇八年にドン・ボスコ社より刊行した拙著『ヘンリー・ナーウェン――傷つきながらも愛しぬいた生涯』に大幅に加筆して、刊行するものである。今回の加筆修正の作業をするにあたり、久しぶりにナウエンとじっくり向き合う時間が持てた。そして、書きながら、彼のメッセージの新たな魅力に気づき、豊かな洞察を得た。もっと平たく言えば、今回も彼に励まされながら、書くことができたと思う。ナウエンは、やはり私の友であり、同伴者なのだ。

今回、この改訂版のお話をくださった、日本キリスト教団出版局の土肥研一さんにこころからの感謝を表したい。ナウエンの著作を愛し、深く読み込まれ、日本の読者に届けんために、筆の遅い私を励まし続けてくださった。また、ナウエン関係の書籍に関して、土肥さんと同じように熱い気持ちを持っている白田浩一さんにも感謝を表したい。エキュメニカルだったナウエンに倣い、プロテスタント教会の諸兄たちとナウエンを通し、分かち合えることは、ナウエンが生涯にわたって、見つめ続け、従い続けたキリストへと私たちを連れて行ってくれる素晴らしい経験であった。キリストにおける一致へと私たちがますます進むことを願いながら、筆を擱くことにする。

栄光は、父と子と聖霊に。アーメン。

二〇二三年八月末日

フランシスコ・ザビエルが教会を開いた山口において

酒井陽介SJ

注

「op. cit.」は前掲書、「Ibid.」は直前の書を指す。ナウエンの原著から筆者が翻訳したものについては、原著の頁数と共に、邦訳書の該当頁数を参考に付記する。ナウエンの邦訳書の書誌情報は巻末の文献表を参照のこと。

はじめに

1 『ホプキンズ詩集』安田章一郎・緒方登摩訳、春秋社、一九八二年、一二六頁。

序章

2 *The Weekend Sun*, Vancouver, British Columbia, Saturday, April 16, 1994.

第一章

3 『新カトリック大事典I』研究社、一九九六年、「オランダ」の項。

4 Robert Wuthnow, *After Heaven: Spirituality in America Since the 1950s*, Berkeley: University of

California Press, 1998, p.19.

5 Sydney E. Ahlstrom, *A Religious History of the American People*, New Haven: Yale University Press, 1972, p.1080.

6 Wuthnow, op. cit., p.57.

7 Kenneth L. Woodard, "Born Again!" *Newsweek*, October 25, 1976, pp.68-70, 75-76, 78.

8 Wuthnow, *The Restructuring of American Religion*, Princeton: Princeton University Press, 1988, pp.87-97.

9 百瀬文晃・佐久間勤編『キリスト教の神学と霊性――今日どのように信仰を生きるか』サンパウロ、一九九九年、二四八頁。

10 聖イグナチオ・ロヨラ（一四九一―一五五六）は、バスク出身のカトリック司祭。騎士であった彼は、パンプローナでのフランス軍との戦いで被弾したことが回心の契機となる。後に日本にキリスト教を伝えた若きフランシスコ・ザビエルとパリ大学で出会い、ともにイエズス会を創設する。

11 聖イグナチオ・デ・ロヨラ『ロヨラの聖イグナチオ自叙伝』A・エバンヘリスタ訳、李聖一編、ドン・ボスコ社、二〇二二年、六九頁。

12 *The Harper Collins Encyclopedia of Catholicism*, HarperSanFrancisco, 1995, p. 1216の "Christian Spirituality" の項より筆者訳。

第二章

13 Henri Nouwen, "A Letter of Consolation" in *Making All Things New*, London: Font, 2000, p.187より筆者訳（ヘンリ・J・M・ナウエン『慰めの手紙』二二頁参照）。

14 Nouwen, *The Return of the Prodigal Son: A Story of Homecoming*, New York: Doubleday, 1992, pp.123-124より筆者訳（ヘンリ・ナウエン『放蕩息子の帰郷』一七二頁参照）。

15 Nouwen, *In Memoriam*, Notre Dame: Ave Maria Press, 1980, p.61.（ヘンリ・J・M・ナウエン『母の死と祈り』）。

16 Deirdre LaNoue, *The Spiritual Legacy of Henri Nouwen*, New York: Continuum, 2001, p.14より筆者訳。

17 彼が入学したのはユトレヒト教区のRijsenburgにあった大神学校であった。一九五一年から五七年まで在籍した。

18 C. Kevin Gillespie, S.J., *Psychology and American Catholicism*, New York: Crossroad, 2001, p.140.

19 Michael Ford, *Wounded Prophet: A Portrait of Henri J. M. Nouwen*, London: Darton, Longman and Todd, 2000, p.97参照（ミッシェル・フォード『傷ついた預言者――ヘンリ・ナウエンの肖像』廣戸直江訳、聖公会出版、二〇〇九年、一三三頁参照）。

20 CPE（Clinical Pastoral Education）とは、病院や刑務所や施設において、長期間にわたって行う研修。司牧者・牧会者や神学生が、そこで精神的な苦しみにある人々とともにいることを通して学ぶ、実習中心の臨床心理プログラムである。

21 Nouwen, *Notes on Anton Boisen*, Yale Divinity School archivesより筆者訳。

22 LaNoue, op. cit., p.20より筆者訳。

23 Ford, op. cit., p.116-117より筆者訳（フォード前掲書一六二頁参照）。

24 Ibid., p.118-119より筆者訳（同書一六五―一六六頁参照）。

25 ジョン・ユード・バンバーガーはかつてトーマス・マートンの修練者であり、トラピスト会入会前は精神科医であったことなども、ナウエンの内面の苦しみの告白の分析によく表れている。彼の霊的同伴は、ナウエンにとっては一種のセラピーの役割も果たしていたのではなかっただろうか。詳しくは本書一二九頁以下参照。

26 Nouwen, *The Genesee Diary: Report from a Trappist Monastery*, New York: Doubleday, 1976, p.13

より筆者訳（ヘンリ・J・M・ナウエン『ジェネシー・ダイアリー』ii頁参照）。

27 Ibid., p.52より筆者訳（同書五六頁参照）。

28 Nouwen, *In Memoriam*, p.32より筆者訳（ナウエン『母の死と祈り』）。

29 Ford, op. cit., p.141より筆者訳（フォード前掲書二〇二頁参照）。

30 Nouwen, *In the Name of Jesus: Reflections on Christian Leadership*, New York: Crossroad, 1989, pp.10-11より筆者訳（ヘンリ・ナーウェン『イエスの御名で』二〇―二一頁参照）。

31 ヘンリ・ナウエン『明日への道』四四頁。

32 L'Arche（ラルシュ）は「方舟《はこぶね》」という意味。ジャン・バニエによって創設され、コア・メンバーと呼ばれる障がい者たちと、彼らと生活を共にするアシスタントとの共同生活を中心とする。現在この共同体は世界に広がっており、日本では静岡県の「ラルシュかなの家」が同じ精神のうちに運営されている。デイブレイク・コミュニティはカナダのトロントにある共同体の一つである。

33 ナウエン『明日への道』一四五頁。

34 Robert A. Jonas, *Henri Nouwen*, Maryknoll, New York: Orbis Books, 1998, pp.xiii-xivより筆者訳。

35　ナウエン『明日への道』三二一―三二二頁。
36　フォード前掲書一〇三頁など参照。
37　聖公会の女性司祭に聖体祭儀を司式させたり、カトリック信者でない人にもミサ参列者には聖体拝領を許したり、プロテスタント教会での黙想指導や他宗教への関心や交わりなど、教会法規では原則として承認されていない事柄やエキュメニカルな活動にも寛容な態度をとっていた。こうしたことに厳しく批判を向けるよりも、彼がより大きな救いと恵みの輪の中に一人でも多くの人が入れるようにこころがけていたことに注目したい。
38　Ford, op. cit., p.215より筆者訳（フォード前掲書三一九頁参照）。

第三章

39　ヘンリ・J・M・ナウウェン『最後の日記』五一頁。
40　ナウエン『ジェネシー・ダイアリー』五六―五七頁（一部加筆して引用）。
41　同書iii頁。
42　ナウウェン『最後の日記』五〇頁。
43　ナウエン『ジェネシー・ダイアリー』一八七頁。

44 ヘンリ・ナーウェン『愛されている者の生活』三一頁。
45 “Henri Nouwen,” The Christian Catalyst Collection from the 20th century, EO Television より筆者訳。
46 ナウウェン『最後の日記』二五頁。
47 ヘンリ・ナウエン『今日のパン、明日の糧』日本キリスト教団出版局、一〇八頁。
48 Nouwen, *The Return of the Prodigal Son*, pp.14-16より筆者訳（『放蕩息子の帰郷』二一、二四頁参照）。
49 ナーウェン『愛されている者の生活』六〇―六一頁。
50 ヘンリ・ナウエン『アダム』日本キリスト教団出版局、三六―三七頁。
51 ナウウェン『最後の日記』三一〇頁。
52 Nouwen, *Lifesigns: Intimacy, Fecundity, and Ecstasy in Christian Perspective*, New York: Doubleday, 1990, p.30より筆者訳（ヘンリ・J・M・ナウエン『いのちのしるし』二九―三〇頁参照）。
53 Nouwen, *Reaching Out: The Three Movements of the Spiritual Life*, New York: Doubleday, 1975, p.30より筆者訳（ヘンリ・J・M・ナウウェン『差し伸べられる手』二七―二八頁参照）。
54 ヘンリ・J・M・ナウウェン『差し伸べられる手』三四頁。

55　ナウウェン『最後の日記』二五頁。
56　ナウエン『今日のパン、明日の糧』日本キリスト教団出版局、一五二頁。
57　ラルシュで出会った親友ネイサン・ボールとの友情はその後回復し、彼は最後までナウエンを一番近くから支えた。
58　ナウエン『明日への道』三二二―三二三頁。

第四章

59　Eugene Kennedy, *The Unhealed Wound: The Church and Human Sexuality*, New York: St. Martin's Press, 2001, p.38.
60　Ronald Rolheiser, *The Holy Longing: The Search for A Christian Spirituality*, New York: Doubleday, 1999, p.208.
61　ナウウェン『最後の日記』二五一頁。
62　Rolheiser, op. cit., p.209.
63　Ibid., p.209.

第五章

64 A・グッゲンビュール＝クレイグ『心理療法の光と影——援助専門家の《力》』樋口和彦・安溪真一訳、創元社、二〇一九年、一〇四—一〇八頁参照。
65 同書一〇九頁。
66 同書一一二—一一三頁。
67 ヘンリ・ナウエン『傷ついた癒やし人　新版』一二九—一三〇頁。
68 ナウウェン『最後の日記』一七二頁。
69 ナウエン『ジェネシー・ダイアリー』四五—四六頁。
70 同書五一—五二頁。
71 フォード前掲書三三六—三三七頁など参照。
72 ナウウェン『最後の日記』三一一頁。
73 ヘンリ・J・M・ナウウェン『心の奥の愛の声』一二四—一二五頁。
74 Ford, op. cit., p.53より筆者訳（フォード前掲書六五頁参照）。
75 ナウエン『ジェネシー・ダイアリー』iv—v頁。
76 同書七一頁。

77　同書一二二頁。

78　同書一九七―一九八頁。

79　霊的同伴についてさらに学ぶには以下を参照のこと。英隆一朗『道しるべ――スピリチュアル・ライフ入門』（新世社、二〇〇二年）、中村佐知『魂をもてなす――霊的同伴への招待』（あめんどう、二〇二一年）、ウィリアム・A・バリー／ウィリアム・J・コノリー『霊的指導の実践』村上芳隆・清水弘訳（教友社、二〇二二年）。

終章

80　山崎孝明「『ちょうどいい距離感』をいっしょに探る」『臨床心理学』135、金剛出版、二〇二三年参照。

81　『キルケゴールの講話・遺稿集2』飯島宗享編、新地書房、一九八一年、一九一頁。

ヘンリ・ナウエン　年譜

一九三二年　一月二十四日　オランダにて生まれる。
一九五一年　オランダのユトレヒト教区にあるカトリックの大神学校に入学。
一九五七年　ユトレヒト教区の教区司祭として叙階。
一九五七―六四年　オランダのナイメーヘン大学で心理学を学ぶ。
一九六四―六六年　アメリカ・カンザス州のメニンガー研究所で宗教と司牧・牧会心理学の研究に携わる。
一九六六―六八年　アメリカ・インディアナ州のノートルダム大学心理学部客員教授。
一九六八―七一年　オランダのナイメーヘン大学で神学博士課程に進む（博士号は取得せず）。オランダのアムステルダム合同司牧研究所とユトレヒト神学研究所で司牧・牧会心理学と霊性を教える。
一九七一―八一年　アメリカ・コネティカット州のイェール大学神学部で教える。

一九七四年　半年間、厳律シトー会（トラピスト）ジェネシー修道院に滞在。
一九七六年　アメリカ・ミネソタ州のエキュメニカル文化研究所の研究員となる。
一九七八年　五か月間、イタリア・ローマの北アメリカ学院の客員教授となる。
一九七九年　半年間、ジェネシー修道院に滞在。
一九八一―八二年　半年間、南米・ボリビアとペルーに滞在。
一九八三―八五年　アメリカ・マサチューセッツ州のハーバード大学神学部で教える。
一九八五―八六年　九か月間、フランス・トローリーにあるラルシュ共同体に滞在。
一九八六―九六年　カナダ・トロントにあるデイブレイク・ラルシュ共同体のチャプレンを務める。
一九九六年　九月二十一日　オランダで心臓発作により帰天。六十四歳。

ヘンリ・ナウエン　著作一覧

Intimacy: Essays in Pastoral Psychology, Harper & Row, 1969.

Creative Ministry: Beyond Professionalism in Teaching, Preaching, Counseling, Organizing and Celebrating, Doubleday, 1971.　＝『友のためにいのちを捨てる――奉仕者の霊性』佐々木博訳、女子パウロ会、二〇〇二年。

Pray to Live: Thomas Merton: A Contemplative Critic, Fides, 1972.

With Open Hands, Ave Maria Press, 1972.　＝『両手を開いて』高野実代訳、サンパウロ、二〇〇二年。

The Wounded Healer: Ministry in Contemporary Society, Doubleday, 1972.　＝『傷ついた癒し人――苦悩する現代社会と牧会者』西垣二一・岸本和世訳、日本キリスト教団出版局、一九八一年。新訳『傷ついた癒やし人　新版』渡辺順子訳、日本キリスト教団出版局、二〇二二年。

Aging: The Fulfillment of Life (with Walter J. Gaffney), Doubleday, 1974.　＝『闇への道　光への道

——年齢をかさねること』原みち子訳、こぐま社、一九九一年。復刊『老い——人生の完成へ』原みち子訳、日本キリスト教団出版局、二〇二三年。

Out of Solitude: Three Meditations on the Christian Life, Ave Maria Press, 1974. ＝『静まりから生まれるもの——信仰生活についての三つの霊想』太田和功一訳、あめんどう、二〇〇四年。

Reaching Out: The Three Movements of the Spiritual Life, Doubleday, 1975. ＝『差し伸べられる手——真の祈りへの三つの段階』三保元訳、女子パウロ会、二〇〇二年。

The Genesee Diary: Report from a Trappist Monastery, Doubleday, 1976. ＝『ジェネシー・ダイアリー——トラピスト修道院での七ヶ月』廣戸直江訳、聖公会出版、二〇〇六年。

The Living Reminder: Service and Prayer in Memory of Jesus Christ, Seabury Press. 1978. ＝『生きた想起者——イエス・キリストの記念としての奉仕と祈り』岸本和世訳（『傷ついた癒し人——苦悩する現代社会と牧会者』所収）。

Clowning in Rome: Reflections on Solitude, Celibacy, Prayer, and Contemplation, Doubleday, 1979.

In Memoriam, Ave Maria Press, 1980. ＝『母の死と祈り——魂の暗夜をこえて』多ヶ谷有子訳、聖公会出版、二〇〇三年。

The Way of the Heart: Desert Spirituality and Contemporary Ministry, Ballantine Books, 1981.

Making All Things New: An Invitation to the Spiritual Life, Harper & Row, 1981. ＝『すべて新たに――スピリチュアルな生き方への招待』日下部拓訳、あめんどう、二〇〇九年。

A Cry for Mercy: Prayers from the Genesee, Doubleday, 1981. ＝『主の憐れみを叫び求めて――ジェネシー修道院からの祈り』太田和功一訳、あめんどう、二〇一一年。

Compassion: A Reflection on the Christian Life (with Donald P. McNeill and Douglas A. Morrison), Doubleday, 1982. ＝『コンパッション――ゆり動かす愛』石井健吾訳、女子パウロ会、一九九四年。

A Letter of Consolation, Harper & Row, 1982. ＝『慰めの手紙』秋葉晴彦訳、聖公会出版、二〇〇一年。

¡Gracias!: A Latin American Journal, Harper & Row, 1983.

Love in a Fearful Land: A Guatemala Story, Ave Maria Press, 1985. ＝『グアテマラ物語　恐怖の国における愛』宮本憲訳、聖公会出版、二〇〇九年。

Lifesigns: Intimacy, Fecundity, and Ecstasy in Christian Perspective, Doubleday, 1986. ＝『いのちのしるし――キリスト教の視点から見た親しさ、豊かさ、喜悦』宮澤邦子訳、女子パウロ会、二〇〇二年。

Behold the Beauty of the Lord: Praying with Icons, Ave Maria Press, 1987. ＝『主の美しさを仰ぎ見よ——イコンとともに祈る』沢田和夫訳、新世社、一九八八年。
Letters to Marc about Jesus: Living a Spiritual Life in a Material World, Harper Collins, 1988.
The Road to Daybreak: A Spiritual Journey, Doubleday, 1988. ＝『明日への道——ラルシュへと向かう旅路の記録』長沢道子・植松功訳、あめんどう、二〇〇一年。
Heart Speaks to Heart: Three Prayers to Jesus, Ave Maria Press, 1989. ＝『みこころへ——三つの聖週の祈り』浜屋憲夫訳、聖公会出版、二〇〇一年。
In the Name of Jesus: Reflections on Christian Leadership, Crossroad, 1989. ＝『イエスの御名で——聖書的リーダーシップを求めて』後藤敏夫訳、あめんどう、一九九三年。
Beyond the Mirror: Reflections on Death and Life, Crossroad, 1990. ＝『鏡の向こう』土肥研一訳（『死を友として生きる』廣戸直江ほか訳、日本キリスト教団出版局、二〇二一年所収）。
Walk with Jesus: Stations of the Cross, Maryknoll, Orbis Books, 1990. ＝『イエスとともに歩む——十字架の道ゆき』景山恭子訳、聖公会出版、二〇〇〇年。
Life of the Beloved: Spiritual Living in a Secular World, Crossroad, 1992. ＝『愛されている者の生活——世俗社会に生きる友のために』小渕春夫訳、あめんどう、一九九九年。

Show Me the Way: Readings for Each Day of Lent, Crossroad, 1992. ＝『イエスの示す道——受難節の黙想』友川栄訳、聖公会出版、二〇〇二年。復刊『イエスの示す道——受難節の黙想』友川榮訳、ヨベル、二〇二三年。

The Return of the Prodigal Son: A Story of Homecoming, Doubleday, 1992. ＝『放蕩息子の帰郷——父の家に立ち返る物語』片岡伸光訳、あめんどう、二〇〇三年。

Jesus and Mary: Finding Our Sacred Center, St. Anthony Messenger Press, 1993. ＝『イエスとマリア——聖性のみなもと』佐藤みさほ訳、女子パウロ会、二〇〇六年。

Our Greatest Gift: A Meditation on Dying and Caring, Harper Collins, 1994. ＝『最大の贈り物——死と介護についての黙想』廣戸直江訳、聖公会出版、二〇〇三年。改訳版『最大の贈り物』廣戸直江訳（『死を友として生きる』所収）。

With Burning Hearts: A Meditation on the Eucharistic Life, Maryknoll, Orbis Books, 1994. ＝『燃える心で——聖餐をめぐる黙想』景山恭子訳、聖公会出版、一九九七年。

Here and Now: Living in the Spirit, Crossroad, 1994. ＝『いま、ここに生きる——生活の中の霊性』太田和功一訳、あめんどう、一九九七年。

The Path of Waiting, Crossroad, 1995. ＝『待ち望むということ』工藤信夫訳、あめんどう、

一九九八年。

The Path of Power, Crossroad, 1995.　＝『まことの力への道』工藤信夫訳、あめんどう、二〇〇〇年。

The Path of Peace, Crossroad, 1995.　＝*The Path of Waiting*, *The Path of Power*, *The Path of Peace* は、*Finding My Way Home: Pathways to Life and the Spirit*, Crossroad, 2001（邦訳『わが家への道――実を結ぶ歩みのために』工藤信夫訳、あめんどう、二〇〇五年）にも収録。

The Path of Freedom, Crossroad, 1995.

Can You Drink the Cup?, Ave Maria Press, 1996.　＝『この杯が飲めますか？』廣戸直江訳、聖公会出版、二〇〇一年。

Bread for the Journey: A Daybook of Wisdom and Faith, Harper Collins, 1996.　＝『今日のパン、明日の糧』嶋本操監修、河田正雄訳、聖公会出版、二〇〇一年。復刊『今日のパン、明日の糧――暮らしにいのちを吹きこむ366のことば』河田正雄訳、日本キリスト教団出版局、二〇一九年。

The Inner Voice of Love: A Journey Through Anguish to Freedom, Doubleday, 1996.　＝『心の奥の愛の声』小野寺健訳、女子パウロ会、二〇〇二年。

Adam: God's Beloved, Maryknoll, Orbis Books, 1997.　=『アダム——神の愛する子』宮本憲訳、聖公会出版、二〇〇一年。復刊『アダム——神の愛する子』宮本憲訳、日本キリスト教団出版局、二〇二〇年。

Sabbatical Journey: The Diary of His Final Year, Crossroad, 1998.　=『最後の日記——信仰と友情の旅』太原千佳子訳、女子パウロ会、二〇〇二年。

＊この他、ナウエンの死後、遺稿を編集した書籍なども多数刊行されている。
＊内容紹介を伴うナウエンの著作一覧は「https://henrinouwen.org/read/」の「HENRI NOUWEN'S BOOKS IN CHRONOLOGICAL ORDER」を参照。

酒井陽介（さかい・ようすけ）

イエズス会司祭
1971 年　横浜に生まれる
2001 年　司祭叙階
2018 年　教皇庁立グレゴリアン大学心理学科博士課程修了（心理学博士）
2020 年　教皇庁立グレゴリアン大学心理学科講師
2022 年　上智大学神学部・上智大学大学院実践宗教学研究科准教授、
グリーフケア研究所所員

ヘンリ・ナウエン『今日のパン、明日の糧——暮らしにいのちを吹きこむ 366 のことば』『傷ついた癒やし人　新版』（共に日本キリスト教団出版局）の解説を執筆。

ヘンリ・ナウエン
傷ついても愛を信じた人

2023 年 12 月 15 日　初版発行

著　者　酒　井　陽　介
発　行　日本キリスト教団出版局
169-0051　東京都新宿区西早稲田 2 丁目 3 の 18
電話・営業 03 (3204) 0422、編集 03 (3204) 0424
https://bp-uccj.jp
印刷・製本　ディグ

ISBN978-4-8184-1152-4 C0016　日キ販
Printed in Japan